최경석의 술술 읽히는 한국사

최경석의
술술 읽히는
한국사

최경석 지음

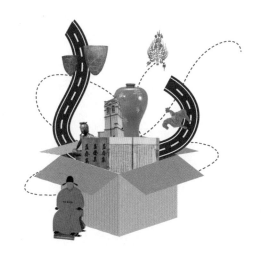

을유문화사

최경석의
술술 읽히는
한국사

발행일
2016년 10월 25일 초판 1쇄
2016년 11월 10일 초판 2쇄

지은이 | 최경석
펴낸이 | 정무영
펴낸곳 | (주)을유문화사

창립일 | 1945년 12월 1일
주   소 | 서울시 종로구 우정국로 51-4
전   화 | 734-3515, 733-8153
팩   스 | 732-9154
홈페이지 | www.eulyoo.co.kr
ISBN 978-89-324-7343-7 03910

드라마 보듯이,
소설책 읽듯이 재미있게!

한국사는 우리의 거울입니다. 이 땅에서 일어난 어제의 일들이 곧 우리의 오늘이 되지요. 따라서 우리는 늘 뒤돌아보는 과정을 진지하게 되풀이해야 합니다. 예를 들어 외교적으로 매우 중요한 협상을 해야 할 때, 조선 시대 광해군의 중립 외교와 인조의 친명 외교를 살펴본다면 큰 도움이 될 수 있습니다. 국가적 차원에서 이야기하니, 피부에 금방 와 닿지 않나요? 그럼 개인의 삶에서 살펴봅시다. 내가 어떤 주장을 펼치거나 진로를 선택해야 할 때, 옛 사람들은 어떻게 했을까 참고한다면 훨씬 좋은 방법을 찾을 수 있겠지요. 역사에는 오늘날에도 유효한 삶의 지혜와 교훈이 있으니까요.

하지만 역사를 되돌아보는 일이 쉽지만은 않습니다. 우리 민족 최초의 국가인 고조선부터 현재까지 매우 오랜 기간 이어져 왔기 때문이지요. 선사시대를 감안하면 무려 70만 년이 넘는 시간입니다. 그만큼 우리는 역사적 자부심을 가질 수 있지만, 한국사를 공부하는 학생이나 수험생에게는 그것이 되레 부담이 될 수 있습니다.

우리는 영화 「밀정」이나 드라마 「정도전」은 환호하지만, 교과서나 수험서 속 '의열단'이나 '정도전'에는 무관심합니다. 왜 그럴까요? 교과서 속 역사는 시험을 잘 치르기 위한 암기 과목으로 생각하기 때문입니다. 거기서부터 우리는 부담을 느끼며 역사를 멀리합니다. 이 책은 이러한 간극을 좁혀 보려는 마음에서 쓴 이야기 한국사입니다. 역사 속 흥미로운 에피소드를 찾아내어 마치 역사 소설을 읽거나 사극 영화를 보는 것처럼 누구나 술술 읽을 수 있도록 썼습니다. 특히, 우리가 중고등학교 수업 시간에 만났던 역사 이야기 중에서 대표적인 정치 사건부터 국보급 문화재까지, 그 연원과 인과 관계를 쉽게 알 수 있도록 저술하였습니다. 교과서에 정제된 문장으로 설명된 역사적 사건, 인물의 활동, 유물과 유적, 문화 등에 흥미로운 스토리를 더해 역사 초보자라도 역사에 재미와 감동을 느낄 수 있도록 애썼습니다.

덧붙여, 사건 현장이나 유물이 그대로 보존되어 있는 박물관 등을 답사하면서 독자들이 역사적 의미와 내용을 좀 더 생생하게 느낄 수 있도록 신경 썼습니다. 예를 들면 「제3부 고려」에서 승장 김윤후가 몽골 침략을 온몸으로 막은 처인성 전투 이야기가 나오는데, 이 부분을 쓰기 전에 저는 경기도 용인시에 있는 처인성지를 찾았습니다. 이곳의 지리적 상황을 먼저 파악해 놓으면, 김윤후의 전투 전략과 당시 상황을 좀 더 생동감 있고 사실적으로 묘사할 수 있기 때문이지요. 「제4부 조선」에서 조선 시대를 대표하는 '분청사기'를 이야기할 때에도 국립중앙박물관 3층 공예관을 수차례 다녀왔습니다. 분청사기를 제가 직접 보고 느낀 후에 쓰는 글과 그렇지 않은 글은 분명 차이가 있을 수밖에 없기 때문입니다.

이 책에 수록된 글 중에서 다수는 「한국경제신문」의 중고생 경제·논술용 '생글생글' 코너에 실렸던 글입니다. 여기에 한국사의 흐름을 한눈에 파악하고, 이야기를 쉽게 이해할 수 있도록 선사시대부터 일제강점기까지 관련 사진을 풍부하게 담았습니다. 그리고 어려운 용어는 쉽게 풀어 쓰고, 부족한 이야기는 사건과 인물을 중심으로 추가하여 꼼꼼하게 보완하였습니다. 이 책에서는 일제강점기 중에서도 1930년대 초까지 다루었는데, 구체적으로 대한민국 임시 정부의 수립과 일제강점기 항일 투쟁을 펼친 의열단, 민족 협동 전선이자 최대 규모의 반일 단체였던 신간회까지 소개하였습니다. 이 책에서 다룬 내용 외에도 한국의 근현대사를 대표할 만한 이야기는 많습니다만, 여기에서는 고등학생이 당시 다양하게 펼쳐진 항일 운동을 이해할 만큼의 인물과 사건으로 제한하였습니다. 대신 역사 교과서의 행간에 숨어 있는 이야기를 재미있게 풀어쓰는 데 많은 시간을 할애하였습니다. 따라서 그동안 역사는 외울 게 많은 암기 과목일 뿐이라고 생각했던 학생들이나, 역사를 단순히 어렵고 고리타분한 옛 이야기로만 여겼던 사람들도 역사를 쉽고 흥미롭게 접할 수 있을 것입니다.

글을 마무리하면서 개인적으로 저의 두 번째 한국사 교양 도서를 낼 수 있도록 제안해 주신 을유문화사에 진심으로 감사드립니다. 또한 여러 자료를 모으고 직접 답사를 가는 데 도움을 아끼지 않았던 홍익대학교 사범대학 부속고등학교의 박임선 사서 선생님께도 이 자리를 빌려 고마운 마음을 전합니다.

2016년 가을
최경석

제5부 대한제국과 일제강점기

선사 시대와 국가 형성

구석기 문화	신석기 문화	고조선 건국	청동기 문화	위만 조선 성립	고조선 멸망
약 70만 년 전	기원전 8000년경	기원전 2333년	기원전 20세기 ~ 기원전 15세기	기원전 194년	기원전 108년

제1부

선사시대와
국가 형성

1
한반도에 인간이
살기 시작하다

인류의 역사는 우리가 상상조차 할 수 없는, 요즘 유행어로 말하면 '어마무시한' 수백만 년 전에 시작됩니다. 무려 700만 년 전 엉거주춤하지만 그래도 두 발로 서서 걷기 시작한 인류는 진화를 거듭하였고, 약 3~4만 년 전에 오늘날 우리의 직접적 조상이라고 할 수 있는 이른바 '현생인류'가 나타납니다. 혹시 여러분 중에 인간이 공룡보다 먼저 있었다거나 오늘날 우리와 똑같은 모습의 인간이 애초부터 있었다고 생각하는 사람이 있는 건 아니겠지요?

한반도에서는 약 100만 년 전에서 70만 년 전쯤에 사람이 살기 시작합니다. 어떻게 그걸 아냐고요? 당시를 알 수 있는 유적, 바로 동굴에서 여러 동물의 화석과 돌로 만든 도구, 즉 석기들을 고고학자들이 발굴하였기 때문이지요. 영화 「인디아나 존스」의 주인공과 같은 극한의 모험을 하는 건 아니지만, 역사 이전의 시기를 열정적으로 탐구하는 우리나라 고고학자들에 의해 이 땅에 살았던 조상들의 모습을 복원할 수 있게 되었답니다. 저도 어릴 적 「인디아나 존스」를 보며 역사학자가 되겠다고 꿈꾸기도 했었는데요, 알고 보니 그는 고고학자였더군요. 자, 이 고고학자들은 기원전 1만 년 이후 지구의 기후와 지형이 바뀌기 전까지를 이른바 '구석기' 시대라고 명명하였습니다. 그 이유는 이 까마득하게 멀고 긴 시기에 돌을 깨뜨려 만든 도구, 즉 석기가 지속적으로 발견되었기 때문이지요. 바로 '뗀석기'입니다.

태초에 돌이 있었다?

태초엔 어쩌면 돌이 먼저 있었던 건지도 모릅니다. 왜냐고요? 수십만 년 전 인간이 살았다고 추정되는 동굴에 정작 인골은 발견되지 않았기 때문입니다. 참고로 한반도에서 현재까지 출토된 인골 중에 가장 오래된 것은 평양 역포인1977년 평양시 역포 구역에서 발견된 사람뼈 화석인데, 그 시기는 약 10만 년 전 정도로 추정됩니다. 오히려 약 50만 년 전의 것으로 추정되는 주먹도끼와 같은 뗀석기는 경기도 전곡리 유적 등에서 이미 발견되었습니다. 단, '뗀석기'는 저절로 떼어진 돌을 말하는 것이 아니랍니다. 인간이 두뇌를 이용해 의식적으로 돌을 깨뜨려 자신에게 필요한 도구를 만든 거예요. 단순히 '본능적으로' 석기를 만든 게 아니라는 거지요. 이 뗀석기로 무엇을 하였을까요? 당연히 먹고사는 문제를 해결하였

구석기시대에 사용한 주먹도끼

습니다. 동물을 잡기도 하고, 가죽을 벗기기도 하며 식물을 캐기도 했지요. 그리고 단백질 섭취를 통해 인간의 뇌는 더욱 발전하고 도구를 제작하는 기술과 종류도 다양해집니다. 역시 인간은 창의적 동물이라고 할수 있지요.

물론, 돌만 쓴 건 아닙니다. 나무와 동물 뼈로도 도구를 만들었습니다. 그런데 왜 박물관에 가도 이 시기의 유물은 죄다 돌이냐고요? 나무와 뼈는 수십만 년 세월을 버티지 못하고 썩거나 사라진 것이지요. 반면 석기는 매우 다양하게 출토되었는데요. 끝은 뾰족하지만 손으로 편하게 쥘 수 있어 찍거나 자를 수 있는 용도의 주먹도끼, 큰 몸돌에서 떼 낸 돌 조각을 다듬어 가죽이나 나무껍질을 벗기는 데 사용하는 긁개, 돌날을 다듬어 한쪽 끝을 뾰족하게 하고 나무 자루에 꽂아 창처럼 쓸 수 있도록 만든 슴베찌르개 등이 바로 대표적인 뗀석기들입니다.

추위를 피해 떠도는 빙하기

한편, 이 시기는 빙하기였습니다. 전 지구적으로 크게는 4번의 빙하기와 3번의 간빙기가 있었다고 하는데요. 인류는 추위를 피해, 그리고 먹이를 찾아 이곳저곳 돌아다녀야 했답니다. 그래서 편하게 한 곳에 정착하여 집을 짓고 살 수는 없었습니다. 추위와 사나운 짐승을 피해 주로 석회암 동굴을 이용하였지요. 그런데 잘못된 고정관념이나 오해로 이 구석기 시기를 이해하는 경우도 있어 몇 가지 알려 드리지요. 빙하기라고 하여 한반도가 남극처럼 빙하로 뒤덮여 있었던 것은 아닙니다. 다만 바다의 높이가 낮아진 것이지요. 또한 춥긴 추웠지만 한때는 무더운 적도 있어서 우리 땅에 놀랍게도 원숭이, 물소, 쌍코뿔소와 같은 아열대 또는 열대 지역에 사는 동물이 있었던 적도 있습니다. 구석기인이라고 무조건 동굴에만 살았던 것도 아닙니다. 아프리카에서나 발견되던 구석기

구석기시대에 나무 자루에 꽂아 창과 비슷한 용도로 사용한 슴베찌르개

충남 공주에서 대전으로 가는 금강가에 있는 공주 석장리 유적지

전기 유물인 주먹도끼가 발견된 전곡리 유적지는 한탄강이 휘어 돌아가는 강변에 위치하였고, 광복 이후 대한민국에서 처음으로 구석기 유적으로 모습을 드러낸 공주 석장리 또한 금강이 흐르는 곳에 위치하고 있지요. 그럼 동굴에서 살지 않았겠지요? 대신 구석기인들은 '막집'이라고 하여 요즘으로 치면 천막을 치고 캠핑 생활을 시작합니다. 약 1만 년 전, 지구의 마지막 빙하기가 끝나며 오늘날과 유사한 자연환경이 만들어집니다. 그리고 자연스럽게 우리 조상들도 이제 뗀석기보다 한 단계 발전한 새로운 도구를 장착하고 새로운 삶을 시작하게 됩니다. 바로 신석기 시대가 열립니다.

한반도에 정말 매머드가 살았을까?

　구석기시대 중에서도 가장 혹한의 추위가 약 2만 년 전에 찾아옵니다. 그 영향으로 한반도에는 지금은 멸종된 종이지만 혹심한 추위를 견디는 매머드, 즉 털코끼리가 살 수 있었습니다. 시베리아나 알래스카와 같은 곳에서나 화석이 발견된다고 고고학자들은 여겼는데, 함경도 일대 곳곳에서 이 매머드의 화석이 발견되었습니다. 공룡 이후 가장 큰 포유동물인 매머드가 우리 땅에도 살고 있었던 것이지요. 그렇다면 우리 조상들은 뗀석기를 가지고 이 거대한 매머드를 사냥하지 않았을까 상상해 볼 수도 있을 것입니다. 다만, 우리는 구석기인하면 지나치게 사냥하는 모습만 떠올리는데, 고고학자들은 그보다 먼저 다른 동물들이 남긴 고기를 주워 먹는 것에 많이 의존했다고 봅니다. 그리고 차츰차츰 사냥도 확대되었겠지요.

　한편, 이 시기의 혹독한 추위로 인해 바다의 높이가 낮아져 오늘날 서해안이 육지였으며 일본 열도조차 섬이 아니라 동아시아의 같은 대

전남 여수시 송도조개무지에서 출토된 흑요석기

륙으로 연결됩니다. 한반도와 일본 사이에 큰 호수가 있을 뿐 하나로 연결되었다는 말입니다. 비록 추위로 덜덜 떨었겠지만 구석기인이 마음만 먹으면 백두산에서 일본까지 왔다 갔다 할 수도 있었겠지요.

실제 백두산의 흑요석黑曜石과 일본 규슈의 흑요석으로 만든 뗀석기가 우리나라 남부에서 발견됩니다. 흑요석은 화산이 폭발할 때 공중에서 떨어져 식으며 생긴 검은 돌로서, 유리처럼 날카롭기 때문에 구석기 후기에 화살촉이나 창으로 이용하였습니다. 백두산과 일본산 흑요석이 우리나라 남부에서 발견되면서, 고고학자들은 구석기인들이 수백 킬로미터 거리로 떨어져 있는 이곳을 왔다 갔다 한 건 아닌가 흥미롭게 바라보고 있습니다. 구석기인이 이렇게 멀리 이동할 수 있었다면 매머드 또한 우리 한반도 곳곳을 돌아다닌 건 아닐까요? 타임머신이 있으면 그 진실을 알 수 있을 텐데 말입니다.

2
신석기 혁명,
인간이 농사를 짓다

○

우리의 밥상에서 빠질 수 없는 반찬이 김치입니다. 김치는 특히 정성스
런 손맛과 함께 제대로 숙성이 돼야 제 맛이 나는데요. 그래서 우리 조상
들은 김치를 장독에 넣고, 땅에 묻어 제대로 발효시켰습니다. 요즘은 이
를 응용한 김치냉장고가 대세지만 말입니다. 장독하면 플라스틱 용기가
난무하는 지금도 우리 한국인의 정서를 대변하는, 진흙^{또는 질흙}으로 빚은
그릇이지요. 옹기^{甕器}라고도 부르고 엇비슷하게 순 우리말로 '질그릇'이
라는 표현을 쓰기도 합니다. 질그릇은 잿물을 덮지 않아 겉면에 윤기가
없는, 진흙만으로 구워 만든 그릇입니다. 우리는 이런 장독의 원조라고
할 수 있는 질그릇을 수천 년 전부터 사용하였습니다. 언제부터 이 질그
릇을 사용하였을까요? 놀랍게도 신석기시대부터랍니다.

신석기시대부터 사용한 덧무늬질그릇(왼쪽)와 빗살무늬질그릇(오른쪽)

　약 1만 년 전 드디어 빙하기가 끝납니다. 그리고 따뜻한 기후로 서
해는 바닷물로 넘쳤으며 일본은 더 이상 대륙의 끝자락이 아닌, 말 그대
로 섬들로 이루어진 열도가 됩니다. 따뜻해진 만큼 이제 한반도와 그 주
변의 인류는 더 이상 여행을 떠나지 않아도 되었지요. 정착 생활을 시작
합니다. 어떻게 아느냐고요? 구석기시대에는 없던 새로운 발명품, 토기
가 등장합니다. 위에선 질그릇이라고 하더니 이번엔 토기라고요? 네, 교
과서에선 띠 모양의 흙을 덧붙였기 때문에 덧무늬토기, 밑이 뾰족하고
몸체에 빗살무늬가 새겨져 있어 빗살무늬토기라고 부르는데요. 미술사
학계에서는 우리 도자기를 연구하며 20세기 일본 학계에서 주로 쓴 '토
기'라는 용어 대신 질그릇을 쓰자는 주장이 설득력을 얻고 있답니다. 즉,
이 시기에 덧무늬질그릇, 빗살무늬질그릇 등이 등장합니다.

간석기로 농사를 짓기 시작하다

이 질그릇들은 물을 충분히 담지 못했습니다. 고려청자나 백자와 달리 물을 흡수했기 때문이었지요. 그래서 열매나 곡물을 담아 두거나 조리용으로 사용하였습니다. 네다섯 살 아이만한 크기의 질그릇도 발견되어, 이걸 들고 이동할 수는 없다고 충분히 생각할 수 있습니다. 바로 정착 생활이 시작되었다는 거지요. 강가나 바닷가에 60센티미터 정도의 깊이로 땅을 파고 바닥을 평평하게 한 후 움집을 짓습니다. 그리고 바닥 한가운데에 불을 피운 화덕을 마련하고 살았지요. 그렇다면 무얼 먹고 살았을까요? 오늘날 우리처럼 밥을 먹었습니다. 그것도 혼자 먹는 것이 아니라 식구, 즉 씨족을 바탕으로 하여 부족을 이루고 같이 조밥이나 수수밥 아니면 쌀밥도 먹기 시작합니다. 봉산 지탑리 유적에서는 탄화된 조가 발견되었고, 심지어 일산과 김포 늪지대에서는 볍씨가 발견되기도

서울시 강동구 암사동 유적지

하였습니다. 밭농사는 물론 벼농사도 일부 가능했던 것이지요. 아직 대학 수학 능력 시험에서는 벼농사의 시작을 청동기시대로 보고 출제하지만, 학계의 조사에 따르면 이렇듯 이 땅에서 매우 이른 시기부터 벼농사가 이루어졌지요. 즉, 인류사의 첫 번째 혁명이라 불리는 '신석기 혁명'이 시

24

경남 창녕군 부곡면에 있는 선사시대의 유적지에서 발견한 탄화된 도토리, 가래, 솔방울 등이다.

작된 것입니다. 이는 농사를 통해 정착은 물론 엄청난 생산이 가능해졌기 때문에 붙인 명칭입니다.

한반도에선 채집·사냥도 이뤄지다

단, 신석기시대 처음부터 농사를 지은 건 아닙니다. 이 시기가 무려 7000년 정도인데 딱 잘라 '신석기시대=농업의 시작'이라고 도식화할 수는 없습니다. 역사란 물 흐르듯 준비 과정과 과도기가 있습니다. 역사를 암기하듯, 딱딱 잘라 깍둑썰기 하듯 나누는 건 무리가 있습니다. 한반도의 신석기시대에서는 여전히 채집과 사냥이 이루어졌습니다. 육지에서는 사슴이나 멧돼지를, 바다에서는 바다의 우유라는 굴이나 조개류 그리고 물고기를 잡아먹으며 단백질을 보충하였습니다. 흥미롭게도 바다에서는 상어도 참 많이 잡아먹어 그 뼈가 지금껏 남아 있기도 해요. 그래서일까요? 빗살무늬질그릇 표면에 새겨진 무늬를 기본적으로 물결 모양 또는 물고기 뼈 모양으로 보기도 합니다.

여하튼 이렇게 신석기인은 당장 농사를 짓기보다는 강가나 바닷가

경남 통영의 연대도에서 발견된 조개더미 유적

에 정착하여 조개나 상어와 참치, 돔과 같은 물고기를 잡아먹으며 단백
질을 보충하였습니다. 조개는 참 많이 캐 먹어서 아예 쓰레기장이 생길
정도입니다. 패총貝塚 또는 조개더미라고 불리는데, 부산 동삼동의 조개
더미 속에는 무려 40여 종의 조개껍질과 함께 질그릇 파편이 발견되기
도 하여 정말 쓰레기장으로 쓰였다는 걸 알게 되었습니다.

　여기서 한 가지 궁금증이 생기는데요, 정착과 농경 그리고 질그릇이
등장하는데, 왜 이 시기를 신석기시대라고 부를까요? 그것은 이전 시기
에 '뗀석기'를 사용하였다면 이제는 한발 더 나아가 돌을 가는, 그래서
'간석기'가 등장하였기 때문입니다. 말 그대로 돌을 갈아서 더 정교하고
다양하게 사용한 것이지요. 뗀석기부터 인간의 창의적인 도구 제작이
시작되었는데, 한 단계 더 발전한 시기입니다. 돌화살로 날쌘 사슴도 잡
고, 돌보습 돌괭이로 농사를 지으며 돌낫이나 돌칼로 수확을 한 것입니
다. 돌그물로는 물고기도 잡았지요. 이제 이 시기를 왜 신석기시대라고

신석기시대에는 구석기시대보다 돌을 더 정교하게 갈아서 사용하였다. 이를 간석기라고 한다. 왼쪽부터 전북 진안군에서 발견된 화살촉, 돌도끼, 석창이다.

부르는지 이해가 되었지요. 시대를 이해하는 눈, 그것이 우리 역사를 바라보는 기본 조건입니다.

도토리묵을 만들어 먹은 신석기인들

점선 띠 모양과 지그재그의 무늬, 빗금무늬가 몸체에 순차적으로 나타나는 빗살무늬질그릇은 화덕에 세워진 채 출토된 경우가 많았습니다. 아마도 불을 피워 음식을 조리하지 않았을까요? 그렇다면 무엇을 만들어 먹었을까요? 흥미롭게도 도토리묵을 만들었습니다. 신석기시대에는 우리나라에 참나무가 많이 자라 도토리를 쉽게 얻을 수 있었어요. 동해안에 위치한 양오산리, 한강 유역의 암사동, 하남 미사리 유적 등에서 이 도토리가 출토됩니다. 그런데 도토리는 타닌이라는 성분이 함유되어 떫

주로 열매를 갈 때 사용하던 갈돌과 갈판이다.

은맛이 심해 날로 먹기 힘들었습니다. 머리가 좋았던 신석기인은 이를 제거하기 위해 껍데기를 깐 도토리를 1~2일 정도 바닷가 구덩이에 담아 두거나 질그릇에 물을 채워 담아 두었습니다. 떫은맛이 사라지면 이제 신석기인은 자신들이 만든 간석기 중 갈돌과 갈판으로 도토리를 곱게 갈아 가루로 만들었습니다. 그 가루를 마대자루나 질그릇에 넣고 며칠 동안 물에 담가 놓거나 불로 가열하여 익혀 묵을 만들어 낸 것이지요. 여러분도 말랑말랑하고 쫀득한 도토리묵을 먹게 된다면 처음으로 이를 만들어 먹은 신석기인을 한 번 떠올려 보면 어떨까요?

3

고조선은 살아있다…
유네스코 세계유산, 고인돌

지난 2000년, 유네스코^{UNESCO}는 우리나라 고창·화순·강화 지역의 돌 덩어리 2만여 기^基를 인류 전체가 보호해야 할 '세계유산 977호'로 지정 하였습니다. 분명 단순한 돌덩어리들은 아니었던 모양입니다. 9년 뒤에 야 조선의 '종묘'가 세계유산으로 지정되었으니까요. 그렇다면 이 돌덩 어리들의 정체는 무엇일까요? 바로 고인돌입니다. '턱을 괴다'라는 표현 처럼, 거대한 덮개돌이 쓰러지지 않도록 2~4기의 돌로 지탱하는 모양을 따서 부른 표현입니다.

　고인돌은 전 세계에 약 8만 기가 있고, 그 중 약 4만여 기가 한반도 에 있는 것으로 알려져 있습니다. 대단하지요? 더 나아가 이 고인돌은 곧 청동기시대를 이해할 수 있는 소중한 열쇠입니다. 왜냐하면 엄청난

제1부 선사시대와 국가 형성 **29**

전북 고창군에 있는 바둑판식 고인돌

경기도 시흥시 조남동에 있는 성혈 고인돌

충남 부여 송국리에 있는 돌널무덤

무게와 크기의 돌을 올릴 정도의 강력한 지배자가 존재해야 하기 때문입니다. 지배와 피지배가 성립하는 시기는 강력한 금속제 무기가 등장하는 청동기시대부터입니다. 실제 강화도의 탁자 모양 고인돌 중 하나는 덮개돌의 무게가 무려 80톤에 달하고 길이는 7미터가 넘습니다. 최소한 500명의 성인 남자가 동원되어야 만들 수 있는 고인돌이지요. 또한 이 고인돌은 비파형 동검과 민무늬질그릇 등과 함께 『삼국유사』에 등장하는 단군이 건국한 고조선의 영역을 알려 주는 유물입니다.

비파형 동검의 나라, 고조선

고인돌에서 인골과 비파형 동검, 민무늬질그릇 등이 발견되면서 고고학자들은 이것이 청동기시대 돌널무덤 등과 함께 대표적인 무덤임을 알 수 있게 되었지요. 또한 제사를 지내는 제단으로 사용한 흔적도 찾았습니다. 심지어 북두칠성과 같은 별자리가 새겨져 있는 고인돌도 발견하여 당시 천문 활동도 있었다고 추정합니다.

자, 고인돌이나 돌널무덤에서 발견된 비파형 동검으로 넘어가 봅시다. 구리에 주석을 넣어 악기 비파처럼 만든 청동검이 비파형 동검입니다. 이제 석기의 시대가 저물게 되는 것이지요. 중국이나 유목 민족의 청동검과 달리 칼몸과 손잡이가 분리되며, 날이 S자형으로 휘어져 있고 칼몸 중앙에는 일자형으로 등대가 있습니다.

강력한 살상 무기로 사용되거나 당시 지배층이 제사용 도구로 사용하였을 것으로 여겨집니다. 중국 동북 지역인 랴오닝성과 지린성 일대

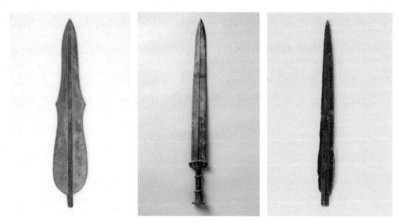

왼쪽부터 칼몸과 손잡이가 분리되는 비파형 동검, 길쭉한 모양의 중국식 동검, 한반도의 독자적 청동기 문화를 대표하는 세형동검이다.

부터 제주도까지 60여 점이 현재까지 발견되었어요. 학자들 간에 의견이 분분하긴 하지만 기원전 15세기 전후부터 기원전 3~4세기까지 사용된 것으로 보고 있습니다. 바로 우리 민족 최초의 국가 고조선의 칼이지요. 그 후에는 세형동검으로 바뀌게 됩니다.

고조선의 영역은 어디까지?

그릇은 바닥이 뾰족했던 빗살무늬질그릇 대신 납작한 민무늬질그릇이 등장합니다. 특히 평북 의주 미송리 동굴 유적에서 발견된 질그릇은 양쪽에 손잡이가 있는데, 평남과 중국 랴오닝성 일대에서도 발견되어 학자들은 고조선의 영역을 알 수 있는 유물로 봅니다. 이외에도 대동강 일대의 팽이 모양 질그릇이나 부여 송국리에서 발견된 달걀 모양의 질그릇 등 청동기시대는 다양한 형태의 질그릇이 있습니다. 참고로 부여 송국리의 돌널무덤과 비파형 동검 그리고 민무늬질그릇의 청동기 문화는 일본 규슈에 전해져 야요이[彌生] 문화● 성립에 큰 영향을 끼칩니다. 한편, 위에서 본 여러 질그릇의 제작 연대도 기원전 15세기까지 올라가는 경우도 있어요.

부여 송국리에서 출토된 질그릇

그래서 일부 학자들은 고조선의 영역과 시작 연대를 교과서보다 더 넓고 높게 설정합니다. 교과서에선 고인돌, 비파형 동검, 미송리식 질그릇이 나오는 곳을 고조선의 범위로 보는데, 여기서 더 나아가 비파형 동검과 함께 다양한 형태의 질그릇이 발견되는 곳까지 포함하여 고조선의 영역으로 여깁니다. 또한 기원전 10세기부터 만주와 한반도에서 본격적인 청동기 문화가 있었다는 교과서의 서술보다 그 상한선을 더 올려야 한다고 해요. 기원전 20~15세기에 이 땅에서 청동기시대가 열렸다는 것이지요. 그렇다면 여기서 여러분은 자연스럽게 다음과 같은 질문을 던질 수 있습니다. 단군왕검이 세웠다는 고조선의 시작 연도는 기원전 2333년이 맞는 건가요? 그리고 단군은 실존 인물인가요? 그리고 고

─────────

● 기원전 3세기에 성립한 일본의 청동기·철기 문화로, 적갈색의 얇은 야요이 토기가 발견되어 '야요이 문화'라고 한다. 이 문화는 한반도에서 건너간 이들에 의해 청동기와 철기 및 벼농사 기술이 전파되면서 성립하였다.

조선의 영역은 어느 정도인가요?

　가장 쉽게 지나치는 부분이 어쩌면 가장 논쟁적인 부분이 되기도 하지요. 우리 민족의 시작도 마찬가지입니다. 중국이 이른바 '동북공정 東北工程, 93쪽 참조'이라 하여 고조선과 고구려, 발해의 역사를 자신들의 역사로 편입시키려는 국가적 정책을 펴고 있고, 일본이 왜곡된 역사 교육과 인식을 드러내고 있는 현재, 우리는 단군과 고조선에 대해 제대로 된 의문을 던지고 탐구해 볼 필요가 있습니다. 고조선사를 수십 년 동안 전공한 역사학자가 아닌 제가 무엇이 정답이라고 말씀드리지는 못하지만, 가장 확실한 것 하나만은 알려 드릴 수 있습니다.

단군의 아들이 곧 주몽이다?

　바로 우리는 중국·일본과는 다른 민족 국가로 출발하였으며 독자적 역사를 가지고 있다는 것입니다. 너무 진부하다고요? 만약 우리가 일본의 태양신 아마테라스[天照]●의 후손이라고 말한다면 여러분은 참을 수 없이 바로 반박하고 나설 것입니다. 결국 단군이 실존 인물이거나 신화 속 인물이라는 것보다 어쩌면 더 중요한 것은, 한국인이라면 우리만의 고유한 역사가 단군 조선부터 현재까지 이어진다는 '역사 인식'을 가진다는 겁니다. 그것이 바로 일제 식민 지배를 거부하고 독립운동을 나설 수 있는 힘이었으며 몽골에 맞선 고려의 항쟁, 그리고 멀게는 중국 한漢나

● 일본 전통 신앙인 신토[神道]의 지상신으로, 천상의 신인 이자나기[伊邪那伎]의 왼쪽 눈에서 태어났다고 한다.

라에 맞서 끝까지 저항한 고조선의 힘이기도 합니다.

흥미로운 이야기 하나로 마무리하려 합니다. 단군왕검에 대한 기록은 13세기 『삼국유사』에 등장합니다. 여기엔 놀랍게도 고구려 건국 시조 주몽에 대하여 "단군의 아들"이라는 기록도 있습니다. 앞서 5세기 고구려 인들이 세운 광개토태왕릉비에는 주몽을 "천제天帝의 아들"로 기술하였지요. 그렇다면 단군은 실존 인물일까요, 아니면 '천제'를 뜻하는 호칭일까요?

이를 하늘을 뜻하는 몽골어 '텡그리Tengri'와 유사하다고 보고 제사장으로 해석하기도 해요. 제정일치의 사회 모습을 단군왕검이 보여 주고 있으며 '단군'이라는 최고 통치자 혹은 천제를 뜻하는 호칭이 대대로 이어졌다고 해석하는 경우도 있지요. 고구려 각저총 벽화에는 왼쪽 나무 아래 곰과 호랑이가 보입니다. 심지어 중국 한漢 대에 만들어졌다는 산동성의 무씨사당武氏祠堂에도 곰, 호랑이 그리고 단군의 내용이 새겨져 있답니다. 여전히 단군과 고조선은 우리의 더 많은 관심과 연구를 기다리고 있습니다.

4

하늘과 인간을 연결해 주는
솟대 신앙

우리는 언제부터 '대한大韓사람'이었을까요? 그것은 1897년 고종 황제
가 '대한제국'을 선포하면서부터입니다. 고종 황제는 '한韓'이라는 이름
이 바로 우리 고유한 나라 이름이며, 옛 마한·진한·변한 등 삼한을 아우
른 것이라 '큰 한' 즉 '대한大韓'이라고 정했습니다. 아, 그렇다면 대한大韓
이란 옛 삼한에서 유래한 것이군요. 삼한은 기원전 2세기부터 훗날 기원
후 4세기 백제에 의해 마한이 무너지기까지 무려 500여 년 동안 한반도
중남부 지역에 있었던 국가들입니다.

　단, 이 국가들을 고구려, 백제, 신라처럼 강력한 왕권과 중앙집권 통
치를 실시한 국가로 착각하면 안 됩니다. 중국의 기록에 의하면 마한은
54국, 진한은 12국, 변한은 12국 등 무려 78개의 여러 작은 국가로 나뉘

어져 있었다고 합니다. 놀랍지요? 그래서 역사학자들은 여러 문헌을 찾으며 이 작은 국가들도 정말 '국가'에 해당하는 건지, 아니면 읍락과 같은 작은 규모의 마을을 말하는 건지 연구하고 있답니다. 그 결과 여러 소국은 신지, 읍차라는 군장들이 있었으며 마한 목지국의 지배자가 마한왕 또는 진왕으로 삼한 전체를 대표한다는 걸 알게 되

었어요. 또한 이렇게 많은 국가들이 어떻게 연맹을 맺거나 아니면 경계를 이루고 살았는지 알 수 없어 여러 가지 자료를 찾고 있답니다. 그래서 최근엔 진한과 변한의 경계가 오늘날의 국경 개념과 달라 서로 섞여 살고 있었다고 추정합니다.

고조선을 계승한 삼한

그렇다면 삼한의 역사에서 가장 확실한 건 무엇일까요? 그것은 바로 이들이 우리 민족 최초의 국가 고조선을 계승했다는 것입니다. 고려 전기의 역사가 김부식은 『삼국사기』의 「신라본기」에서 박혁거세의 건

초기 철기시대에 한반도에서
독자적으로 제작한 세형동검

국 이전에 이미 고조선의 유민들이 산과 골짜기에 나뉘어 살고 있었다고 기록하였습니다.

또한 중국의 역사서에는 위만에 나라를 뺏긴 고조선의 준왕이 남쪽으로 내려와 한韓 땅에 거주하고 스스로 한왕이라고 했다는 기록이 있어요. 결국 삼한은 고조선을 이은 국가들이자 바로 우리 민족을 '한민족韓民族'이라고 부를 수 있게 된 원형이지요.

고고학적으로는 초기 철기시대, 또는 미술사학계에서는 고구려·백제·신라의 삼국 시기 직전이거나 함께 존재하여 '원原삼국시대'라는 표현을 쓰기도 합니다. 실제 기원전 2세기에서 기원전 1세기 후반에 사용하던 초기 철기시대의 유물인 세형동검과 철제 도끼, 끌 등이 한반도 중남부 지역에서 발견되었답니다. 청동기에서 철기로 넘어가는 시기의 유물이 다수 발견된 것이지요. 그 후 변한의 철은 매우 많이 생산되고 명성이 높아 왜와 낙랑에 수출되기도 합니다.

깍두기 마냥 잘라 나눌 수 없는 역사

역사란 이전에도 말씀드렸듯, 깍두기 마냥 잘라 나눌 수 없으며 이전 시대에서 다음 시대로 면면히 이어지는 것입니다. 실제 마한은 훗날

전남 나주 복암리에서 발견한 옹관석실(왼쪽)과 옹관묘에서 출토된 유물

백제에, 진한은 신라로, 변한은 가야로 흡수 또는 발전하게 됩니다. 단, 마한의 경우는 4세기까지 백제가 존재함에도 불구하고 독자적 문화를 유지하였습니다.

그 증거로 옹관묘를 들 수 있습니다. 항아리 모양이라 '독무덤'이라고도 하는데요. 주로 어린아이의 무덤으로 추정되는데, 2개의 항아리를 이어 만든 무덤이랍니다.

특히 영산강 유역의 마한 소국이 있었던 유적에서는 4세기의 옹관묘가 발견되기도 합니다. 때론 우리는 백제가 마한을 흡수·병합한 것만 강조해서 배우는데, 반대로 4세기까지 여전히 마한이 존재했다는 사실도 기억할 필요가 있습니다. 역사란 때로 비주류나 독자적 소수 문화도 소중하게 여기며, 그 속에서 과거의 또 다른 모습을 찾기도 하기 때문이지요.

오리, 하늘을 날다

삼한은 일찍부터 벼농사를 지었답니다. 저수지를 만들어 적극적으로 벼농사를 발전시키기도 했지요. 또한 5월 씨뿌리기가 끝나면 하늘에 제사를 지냈고 10월 추수 후에도 제사를 지냈습니다. 중국의 역사서의 기록을 보면, 이 제사는 한마디로 축제였답니다. 수십 명이 떼를 지어 손과 발로 장단을 맞추며 음주가무를 며칠간 즐겼다고 합니다. 우리 한민족은 삼한에서부터 일할 때는 일하고 놀 땐 또 제대로 놀 줄 아는 민족이었던 걸까요? 한편, 제정일치의 단군 조선과 달리 삼한에는 제사장인 천군이 별읍인 소도蘇塗에 거주하며 종교 의식을 주관했다고 하네요. 이 소도는 신성한 곳이라 죄인이 이곳으로 도망치면 잡을 수 없었다고 전합니다. 그리고 소도 입구에는 긴 나무 막대 위에 새를 조각한 솟대를 세워 신성한 지역임을 알렸다고 합니다.

왜 하필 새였을까요? 삼한의 무덤에서는 오리 모양 토기와 새 모양 목기 등이 출토되기도 합니다. 진한과 변한은 제사 의식에서 새의 깃을 묻었다고도 합니다.

이를 통해 역사학자들은 삼한에서 새는 하늘과 인간을 연결하는 존재로, 죽은 영혼을 하늘로 인도하는 영적인

옛 삼한 유적에서 출토된 오리 모양의 토기

머리에 깃을 꽂고 있는 사람 모습(동그라미 표시)이 새겨진 농경문 청동기

존재로 여겼다고 추정합니다. 흥미롭게도 새 또는 날개는 고대 동서 문
명에서 영적인 상징이었답니다. 그리스 신화에서 신들의 메시지를 전하
는 헤르메스가 늘 신고 있는 날개 달린 장화, 최초의 기마 유목 민족인
스키타이의 황금 관에 새겨진 새, 시베리아 지역의 샤먼제사장이 머리에
쓰는 관에 장식된 새 깃털 등에도 모두 새가 상징적으로 등장합니다.

　　교과서에도 나오는 우리나라 농경문 청동기에도 머리에 깃을 꽂고
있는 사람의 모습이 새겨져 있어요. 삼한 이후 진한을 계승한 신라의 금
관과 은관에서도 새 깃털 문양의 장식이 보입니다.

　　최근 미술관이나 여행지 등에 세워진 솟대를 보며 문득 이런 생각
을 해 보았습니다. '삼한의 오리는 진짜 하늘로 날아가 죽은 영혼을 인
도했을까?'

【삼국시대】

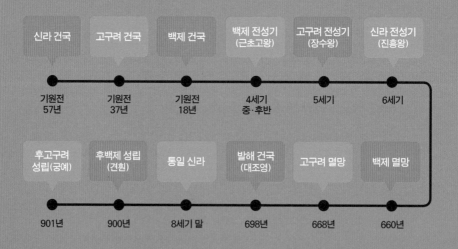

신라 건국 　 고구려 건국 　 백제 건국 　 백제 전성기 (근초고왕) 　 고구려 전성기 (장수왕) 　 신라 전성기 (진흥왕)

기원전 57년 　 기원전 37년 　 기원전 18년 　 4세기 중·후반 　 5세기 　 6세기

후고구려 성립(궁예) 　 후백제 성립 (견훤) 　 통일 신라 　 발해 건국 (대조영) 　 고구려 멸망 　 백제 멸망

901년 　 900년 　 8세기 말 　 698년 　 668년 　 660년

제2부

삼국시대

5

고구려, 동아시아의
강국으로 발돋움하다

여러분에게 고구려는 어떤 국가인가요? 알에서 태어난 주몽, 살수대첩의 을지문덕, 당과 맞서 싸운 연개소문 등 강인하고 용맹한 영웅들이 이끈 고대 국가로 우선 기억할 것 같습니다. 그런데 고구려가 처음부터 이렇게 강한 국가는 아니었습니다. 더구나 그 지정학적 위치도 애매해 여러분도 잘 알다시피 나당연합군에 의해 결국 멸망(물론 내부 분열도 있었지만)한 것처럼, 샌드위치마냥 여러 국가로 포위될 수도 있는 위치였습니다.

실제 3세기에 중국 위나라의 무장인 관구검의 공격을 받아 고구려의 왕성이었던 환도성이 함락되었으며, 4세기에는 북쪽 선비족 일파가 세운 전연이라는 국가의 공격을 받아 미천왕의 무덤이 훼손되고 많은

높이 6.39미터, 무게 약 37톤에 달하는 거대한
규모의 광개토태왕릉비

이들이 포로로 끌려가기도 했습니다. 아래쪽에서는 같은 부여 계통이지만 주도권 싸움에서 밀리지 않고 오히려 맹공을 퍼붓던 백제에 의해 4세기 후반 고국원왕이 평양성에서 전사하기까지 합니다. 한마디로 고구려는 양쪽으로 쉴 새 없이 밀려드는 공격에 국가 자체가 사라질 위기에 처해졌지요. 당연히 옴짝달싹 못하고 제 한 몸 지키기도 어려운 상황이었고요.

그런데 놀랍게도 이 위기의 시기를 역으로 기회로 보고, 발상의 전환을 통해 고구려를 중국도 감히 쉽게 넘보지 못하는 동아시아 강국으로 만드는 인물이 등장합니다. 누굴까요? 바로 18살에 왕이 되어 21년 동안 고구려를 통치한 광개토태왕廣開土大王, 재위 391~412입니다.

역발상으로 위기 돌파한 광개토태왕

왜 세종대왕과 같은 '대왕'이 아니라 '태왕太王' 즉 '왕 중의 왕'이냐고요? 고구려인들 스스로 그렇게 불렀기 때문입니다. 지금도 중국에 남아 있는 광개토태왕릉비문에 그리고 경주 호우총에서 발견된 호우명 청동그릇에 모두 '태왕'이라고 새겨져 있습니다. 그는 살아서는 영락永樂대왕이라 자처하며 중국 황제의 연호를 거부한 왕이었으며, 죽어서는 영토를 넓히며 나

광개토태왕릉비 탁본

라를 안정시켜 백성들이 존경한 왕 중의 왕, 즉 호태왕(그의 비석에는 국강상광개토경평안호태왕國岡上廣開土境平安好太王이라고 씌어 있다)이었던 겁니다. 그런데 여기서 우리가 주목해 볼 점은 단지 그가 땅을 넓혔다는 것보다는 그런 영토 확장을 가능케 한, 남다른 생각을 했다는 것입니다. 광개토태왕은 단순히 강력한 무기나 전투에서 물러서지 않는 용맹함만으로 고구려를 최강 국가로 만든 것이 아닙니다. 여기에 우선하는 그만의 전략적 생각, 즉 발상의 전환을 통해 동아시아의 핵심이자 중심 국가로 고구려를 새롭게 디자인한 것입니다. 그렇다면 광개토태왕이 역사에 남긴 발상의 전환이란 무엇일까요?

더 이상 중국의 변방이 아니다

무엇보다 자신을 비롯하여 고구려의 백성들이 가지고 있던 패배감

과 무력감에서 벗어나도록 생각과 행동을 바꾸는 것이었습니다. 앞에서 언급하였듯이 당시 고구려는 오늘날 우리가 생각하는 것처럼 강한 국가가 아니었습니다. 북으로는 유목 민족인 선비족이 세운 연나라와 거란 등의 끊임없는 침입을 막아 내기 바빴고, 남으로는 강력한 백제의 침공 또한 견뎌 내야 하는 이중고에 시달리고 있었습니다. 할아버지인 고국원왕이 백제의 근초고왕에게 죽임을 당한 후 광개토태왕의 큰아버지인 소수림왕은 충격에 빠진 고구려인들을 달래며 불교를 수용하고, 태학을 설치하며 율령을 반포하는 등 안정 지향적인 통치에 절치부심했지만, 불안한 고구려를 완전히 안정시키기에는 부족하였습니다.

이런 시기에 18살의 어린 나이로 왕이 된 광개토태왕은 과감한 역발상으로 이런 분위기를 한순간에 바꿔 버립니다. 단지 왕조를 유지하는 수준이 아니라 고구려를 동아시아의 변방에서 벗어나 그 중심 국가로 거듭나겠다는 것이었습니다. 이런 역발상을 바탕으로 그는 "최고의 수비는 곧 공격"이라는 말처럼 과감하게 동서남북으로 거침없이 질주하는 정복 활동을 동시다

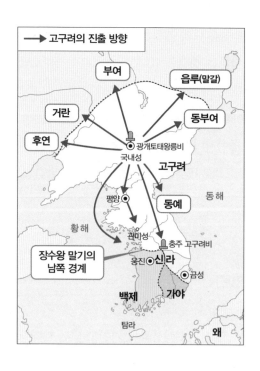

발적으로 펼치게 됩니다. 사실 그의 정복은 도박과도 같은 것이었습니다. 한순간에 무너질 수 있었기 때문이지요. 그러나 그는 곧 성공합니다. 『삼국사기』의 기록을 보면, 왕으로 즉위하자마자 백제의 10개 성을 점령하였으며, 북으로는 거란을 공격하여 남녀 500명을 사로잡았습니다.

이런 폭발적인 질주를 하면서도 광개토태왕은 그저 큰 땅을 차지하겠다는 것이 아니라 매우 전략적인 사고와 행동으로 영토를 확장해 갑니다. 중국 대륙과 연결할 수 있는 통로인 요동반도와 만주 및 연해주 일부, 한반도에서 수륙 모두를 통해 중국과 일본까지 연결할 수 있는 한강 북부 일대, 그리고 오늘날 러시아와 일본으로 진출할 수 있는 동해까지 마치 부채를 펼친 것처럼 요충지를 쉴 새 없이 장악해 갑니다. 곧 북으로는 중국의 북연을 물리치고 거란을 정복하였으며 북쪽의 숙신과 동부여를 정벌하였습니다. 남으로는 백제의 전략적 요충지이자 황해로 나아가는 백제 수군의 요새인 관미성을 함락하였습니다.

광개토태왕의 명칭, 호태왕

또한 신라를 침입한 왜와 가야의 세력에 대해 신라 내물마립간의 요청으로 보병과 기병 5만 명을 보내 물리쳤습니다. 이 때문에 가야연맹은 낙동강 동쪽 영토를 상실했으며, 그 중에서도 금관가야의 국력은 약화됩니다. 광개토태왕비에는 "신라 왕이 노객奴客을 자처하며 신하의 예를 올리면 태왕이 은덕을 베풀었다"고 적혀 있을 정도입니다. 경주 노서동 신라 고분인 일명 호우총에서는 '을묘년 국강상 광개토지호태왕 호

경주 신라 고분 호우총(왼쪽)에서 발견된 청동 그릇

우십乙卯年國岡上廣開土地好太王壺釬十'이라는 글자가 새겨진 청동 그릇이 발견되기도 했지요. 이 그릇은 을묘년인 415년에 2년 전 세상을 떠난 광개토태왕에 대한 제사를 지내며 사용한 용기로 추정됩니다. 그만큼 그의 영향력은 신라에서도 엄청난 것이었지요.

한편 광개토태왕은 무한 질주만이 최고라고 생각하지 않았습니다. 그는 고구려의 중앙 관직을 정비하며 국가의 틀을 안정시키고 불교를 장려하여 평양에 9개의 절을 짓는 등 백성들의 마음을 안정시켰습니다. 그로 인해 "나라가 부강하고 백성이 편안하였으며 오곡이 풍성하게 익었다"라는 평을 듣기도 하였습니다.

변방이 아니라 세상의 중심이 될 수 있다는 발상을 통해 그는 4세기 말 5세기 초에 거대하면서도 짜임새 있는 고구려라는 국가 브랜드를 창출해 낸 것입니다. 즉 고구려의 역사는 광개토태왕 이전과 그 이후로 나누어 볼 수 있을 정도랍니다.

6

한반도 남쪽으로
눈을 돌린 장수왕

491년, 당시 중국 화북 지역을 차지한 국가는 선비족이 세운 북위였습니다. 그런데 그해 여름 북위의 왕 효문제는 흰 관을 쓰고 상복을 입은 후 한 인물의 죽음을 깊이 슬퍼합니다. 그 인물은 바로 고구려 20대 왕이자 광개토태왕의 맏아들 장수왕長壽王, 재위 412~491입니다. 이름에서 알 수 있듯이 98살까지 장수하였으며, 재위 기간만 무려 80여 년이었지요. 단, 그는 단지 오래 살기만 한 왕은 아닙니다. 앞서 중국의 왕이 그의 죽음에 애도를 보낸 것에서 알 수 있듯이, 당시 동아시아 정세에서 아버지 광개토태왕 못지않게 고구려의 국력을 최고조로 끌어올린 왕이기도 했지요.

사실 역사 속에서 아버지의 업적을 뛰어넘을 만큼 대단한 통치력을 보이는 건 쉽지 않은 일입니다. 그런데 장수왕은 아버지와 또 다른 방식으로 고구려를 통치하며 최전성기를 맞이합니다. 그 성공의 열쇠는 바로 '외교술'이었습니다.

뛰어난 외교술로 고구려 최전성기를 누리다

장수왕이 통치하던 5세기의 동아시아 정세는 앞선 시기와 사뭇 달랐습니다. 북방 유목 민족이 만리장성을 넘어 중국 한족 국가를 무너뜨리고 서로 왕이 되기 위해 싸우던 시기(16국 시대)가 이제 좀 정리가 됩니다. 황허 강 중심의 화북 지역은 선비족인 북위가 있었으며, 양쯔 강 이남에는 한족 국가가 있는 이른바 '남북조'의 대립 시기였습니다. 한마디로 국가의 존립 자체를 두고 팽팽하게 대립하던 시기였지요. 이 긴장 속에 만약 동쪽에서 누군가 공격을 감행한다거나 다른 한쪽과 협공을 퍼붓는다면 곧 나머지 국가는 무너질 수밖에 없는 상황이었지요.

즉, 이 대립의 균형을 무너뜨릴 수 있는 키를 쥐고 있는 것이 바로 고구려였습니다. 광개토태왕이 4세기 말부터 5세기 초까지 요동 지역을 확보하고 만주 대부분을 차지했으니까요. 반대로 생각해 보면, 중국 북조와 남조 모두 고구려가 계속해서 부담이 되므로 차라리 먼저 쳐서 없애야 후환이 생기지 않는다고 여길 수도 있는 상황이었습니다. 따라서 이때 장수왕은 먼저 상대방을 안심시키면서도 자신의 존재감을 유지할 수 있는 외교를 선택하게 됩니다.

한성 백제를 무너뜨린 장수왕

이러한 외교술로 장수왕은 중국 북조와 남조 모두와 조공-책봉 관계를 맺는 방식을 선택합니다. 조공이라고 하면 언뜻 굴욕적으로 들릴 수 있지만 당시에는 전혀 그런 것이 아니었습니다. 중국에 정기적으로 사신을 통해 특산물을 보내고, 그들로부터도 많은 답례품과 함께 형식적인 벼슬을 받는 것일 뿐, 엄연히 독자적 국가로 존재하며 영토 지배는 물론 동아시아에서 패권을 유지하는 일종의 외교 전술이었습니다. 이는 지배와 피지배의 관계가 아니라 당시 동아시아의 의례적인 외교 관계로, 고구려는 당시 중국 남북조의 대립을 역이용한 것입니다. 특히 고구려는 북위와 더욱 친한 관계를 맺음으로써 이제 한반도 남쪽으로 눈을 돌릴 수 있는 여건을 마련합니다.

427년 장수왕은 수도를 국내성에서 평양으로 옮깁니다. 이것은 일석이조의 의미가 담겨 있었는데요. 첫째, 기존 국내성의 귀족 세력을 확실하게 누르고 왕권을 강화할 수 있었습니다. 둘째, 본격적으로 한반도에서 백제와 신라를 압박한다는 것이지요. 그 압박은 대단하여 곧 백제와 신라가 위협을 느낀 나머지 나제동맹羅濟同盟을 체결하게 됩니다.

그러나 아직 고구려의 막강한 기세를 꺾기에는 부족하였습니다. 장수왕은 454년 신라에 대한 공격을 시작으로, 본격적으로 남쪽으로 영토를 확장해 나갑니다. 475년에는 직접 3만의 병사를 이끌고 백제를 무너뜨립니다. 한강 유역을 완전히 차지하였으며 백제의 수도 한성을 점령하였습니다. 그 전에 백제 개로왕은 다급하게 중국 북위에 국서를 보내 구원을 요청하였으나, 북위는 고구려와 쌓은 돈독한 외교 관계를 생각하여 단칼에 거절합니다. 결국 개로왕은 한강 유역의 아차산성에서 목숨을 잃게 됩니다. 살아남은 개로왕의 아들 문주는 훗날을 기약하며 웅진공주으로 수도를 옮깁니다. 한편 장수왕은 계속 신라마저 압박하여 더욱 고구려의 영토를 늘립니다.

반격의 서막, 나제동맹이 추진되다

그로부터 약 1500년 뒤 남한강 유역의 충주시에 마모가 심한 채로 남아 있던 한 비석이 역사학자들에 의해 주목을 받게 됩니다. 높이 약 2미터, 너비 55센티미터의 비석에는 희미하지만 고구려를 뜻하는 '고려高麗'라는 글자와 '대사자大使者' 등 고구려 관직명이 남아 있었어요. 이를 통해 역사학자들은 『삼국사기』의 기록처럼 5세기에 이곳 남한강 유역까지 고구려가 진출하였음을 확실하게 알 수 있게 되었지요. 이 비석이 바로 현

고구려의 한강 유역 진출을 확인할 수 있는 국보 205호 충주 고구려비

재 국보 205호로 지정된 충주 고구려비입니다. 다만, 이것이 장수왕 때 세워진 것인지 아니면 그 바로 다음인 문자왕 때인지는 학자들 간에 의견이 분분합니다.

이 외에도 오늘날 서울 광진구 아차산성 터 주변에서 고구려 유물들이 발견되기도 합니다. 당시 고구려의 부뚜막이나 시루와 솥 등이 출토되었지요. 백제 입장에서는 원통한 일이지만 오늘날 우리는 만주와 한반도 서북부로 답사를 가지 않더라도 고구려인의 흔적을 충분히 직접 확인할 수 있습니다.

그런데 이런 의문이 자연스럽게 듭니다. 광개토태왕과 장수왕을 통해 최전성기를 이룬 고구려가 왜 통일을 이루지 못했을까? 여러 의견이 나올 수 있지만, 저는 개인적으로 장수왕 앞에서 힘도 못 쓰던 '나제동맹'이 오히려 이때를 계기로 역설적으로 더욱 단단하게 되는 계기를 마련한 것은 아닐까 싶습니다. 그리고 6세기에 이 나제동맹을 적극 활용하여 한강 유역을 차지하는 주인공은 놀랍게도 원래 이 지역에 나라를 세운 백제가 아니라 동쪽에 치우쳐 있던 신라가 됩니다.

7

무령왕릉이 알려 준
백제의 미(美)

퀴즈 하나 내 보겠습니다. 고구려, 백제, 신라, 가야의 수많은 왕릉 중에서 유일하게 묻힌 사람이 누구인지 알 수 있는 왕릉은 무엇일까요? 계단식 피라미드형으로 유명한 고구려 장군총? 이것은 장수왕의 무덤인지 아닌지 논쟁이 여전합니다. 그렇다면 금관 출토로 잘 알려진 신라 황남대총? 이것도 내물왕인지 아닌지 추측만 존재합니다. 정답은 바로 공주에서 발견된 백제 무령왕릉입니다. 어떻게 무령왕의 무덤인지 정확하게 아느냐고요? 우선 무령왕릉의 발견은 우연의 산물입니다.

    1971년 여름, 공주 송산리 6호분으로 이미 알려진 무덤의 배수로를 파던 중 한 인부의 삽에 무언가 딱딱한 것이 걸리게 됩니다. 그것은 바로 1400년 동안 그 누구에게도 발견되지 않고 온전한 모습 그대로 유지된

공주 송산리 고분군 전경과 무령왕릉 입구이다.

무령왕릉의 벽돌이었습니다. 그 안에는 신라 못지않은 금관을 비롯해

단 한 차례의 도굴도 없이 고스란히 남아 있는● 총 108종 2906점의 백

● 무령왕릉은 송산리 6호분의 북쪽 구릉 지대에 위치하고 있어 애초부터 주목받지 못했다. 학
계에서도 그냥 6호분을 지켜주는, 수호신 역할을 하는 북쪽 언덕 정도로만 추측했다. 그래서
한 차례의 도굴도 없이 보존될 수 있었다.

제 유물이 있었습니다. 그중 12점이 국보로 지정됐습니다. 6세기 찬란한 백제의 아름다움이 긴 잠에서 깨어난 순간이었죠.

우연히 발견된 벽돌무덤 무령왕릉

특히 왕의 시신을 모신 관으로 들어가는 입구에는 기록이 새겨진 직사각형 돌판, 일명 '지석誌石'이 있었습니다. 여기엔 "백제 사마왕이 돌아가시고 이 문서를 작성한다"는 내용이 적혀 있었습니다. 역사학자들은 처음엔 낯선 이름의 '사마왕'이 누굴까 의아해했지만, 『삼국사기』의 기록과 대조해 보는 순간 곧 누군지 알게 됐습니다. 그는 바로 백제 25대 왕이자 웅진 시기 백제의 중흥을 이끈 무령왕武寧王, 재위 501~523이었죠.

앞에서 봤듯이 백제는 5세기 장수왕의 파상 공격으로 한강 유역을 뺏기고 웅진으로 천도할 수밖에 없었습니다. 그런데 웅진에서 자리를 잡는 것도 쉽지는 않았어요. 귀족 세력들이 나약해진 왕권에 도전하면서 어수선했죠. 문주왕과 동성왕이 반대 세력에 의해 살해됐으며 귀족

왕의 시신을 모신 관으로 들어가는 입구에 있었던 무령왕릉 지석

들의 모반은 연이어 일어날 정도였습니다. 이를 확실하게 누르고 왕권을 강화하는 데 성공한 것이 무령왕이었습니다. 그는 반란 세력을 직접 제거했으며 고구려에 대한 공격에 나서 국력을 결집시키는 통치력을 발휘합니다. 『삼국사기』에서 김부식

은 무령왕을 매우 뛰어난 인물로 묘사했는데요. 그에 따르면 왕은 키가 8척이고 눈썹과 눈이 그림 같았으며 매우 용맹하고 기묘한 전략을 잘 세웠다고 해요. 심지어 무령왕은 몸을 사리지 않고 기병 3000명을 직접 거느리고 나아가 고구려군을 물리치기도 했답니다. 또한 제방을 튼튼히 하고 농사에 전념하여 백성들의 전폭적 지지를 얻었다고 해요. 이런 백제에 대해 당시 중국은 "다시 강국이 됐다"고 평가했죠.

동아시아 문화 네트워크의 정점

그런데 제가 주목하고 싶은 점은 무령왕이 바다로 눈을 돌렸다는 것입니다. 웅진 시기에도 얼마든지 황해로 나아갈 수 있었으며 일본과의 교류도 충분히 가능했습니다. 이미 4세기 백제의 전성기에 바닷길을 통해 중국의 동진, 왜 등과 교류하며 동아시아의 바다 네트워크를 구축

공주 송산리 고분군 내부 모습(왼쪽)과 무령왕릉을 지키고 영혼을 인도하는 상상의 동물인 석수

한 경험이 있기에 무령왕은 이를 복원할 수 있었죠. 중국 양쯔 강 이남의 양나라로부터 문물을 수용했으며 일본과도 교류해 백제의 위상을 높였는데요. 그 증거가 바로 무령왕릉입니다.

무령왕릉은 기본적으로 진흙을 구워 만든 벽돌무덤입니다. 삼국시대 왕릉이 대부분 돌을 활용한 것과는 확연한 차이를 보이죠. 연꽃 문양을 중심으로 수천 점의 벽돌을 쌓았는데, 그 방식은 터널식입니다. 이 구조는 중국 남조 양식으로 당시 백제가 중국 양쯔 강 이남의 양나라와 교류했음을 단적으로 보여 줍니다. 불교 세계를 상징하는 연꽃 문양은 두 벽돌이 합쳐져야 완성된 모습으로 나타납니다. 관 입구에는 쇠뿔을 달고 돌로 만든 동물석수이 무덤을 지키고 있습니다. 아기 돼지마냥 자그마한 덩치인데요. '진묘수鎭墓獸'라고도 불리는데, 외부의 침입자를 막고 죽은 왕의 영혼을 하늘로 데려가는 역할을 합니다.

왕과 왕비의 머리맡에서는 금관모 장식 한 쌍이 발견됐어요. 중국의 역사서에 백제 왕은 검은 천으로 된 관에 금꽃을 장식했다고 하는데요. 이를 증명하는 유물이기도 합니다. 왕의 관모 장식은 불꽃 모양을 기본

왕(왼쪽)과 왕비(오른쪽)의 관모 장식

무령왕의 시신 옆에 있었던 고리 모양 자루의 칼

으로 하면서 이른바 '당초문'이라 하여 식물의 덩굴이나 줄기를 물결 문양으로 나타냈죠. 참고로 이 당초문은 이집트, 메소포타미아 문명에서 시작해 중앙아시아를 거쳐 중국에 들어왔으며 우리나라에까지 영향을 줍니다. 동서 교류의 흔적이기도 하죠. 물론 백제 미술의 독자성도 보입니다. 왕비의 관모 장식은 연꽃 모양을 좌우대칭으로 새긴 것인데요. 우아하면서도 간결한 아름다움을 선보입니다. 왕의 시신 옆에는 둥근 고리 모양 자루 장식의 칼이 놓여 있었어요. '환두대도環頭大刀'라고 하는데 이 둥근 고리 안에는 용을, 바로 아래 자루에는 봉황을 장식해 무령왕을 최고 군주로 모셨음을 알 수 있습니다.

백제 중흥의 실마리, 무령왕릉

한편 무령왕의 목관은 놀랍게도 우리나라가 아닌 일본산 금송으로 제작하였습니다. 당시 백제가 일본과 교류한 것을 알 수 있죠. 흥미로운 것은 왕비의 발 부근에서 청동다리미가 발견됐는데요. 이는 일본에서도 간혹 나오는데, 중국 남조의 제품이라는 것입니다.

그렇다면 당시 중국 남조 양나라와 백제, 일본으로 문화적 교류가 매우 자연스럽게 이어지고 있었음을 알 수 있죠. 이렇게 무령왕릉은, 6세기 백제가 튼튼한 동아시아 바다 네트워크를 통해 중흥의 기반을 마련했으며 이를 통해 성왕대聖王代에 수도를 사비현 부여로 옮기며 더욱 발전하게 되는 과정을 이해하게 해 주는 역사적 실마리가 됩니다.

8

일본 열도로 건너간
백제 문화

혹시 여러분은 '도왜인渡倭人' 또는 '도래인渡來人'이라고 들어 보았나요? 한자어를 풀어 보면 말 그대로 바다 건너 왜, 즉 일본으로 들어간 사람이라는 뜻입니다. 이 도왜인은 3세기 말에서 4세기 초에 일본 야마토[大和] 정권의 수립과 그 후 아스카[飛鳥] 문화의 발전에 많은 영향을 주게 됩니다. 주로 한반도에서 건너온 이들이며, 간혹 중국에서 건너온 이들도 있습니다. 특히, 백제는 고구려, 신라와 비교하여 상대적으로 훨씬 더 많은 사람들이 건너가면서 고대 일본 문화 형성에 기여하게 됩니다.

몇 가지 예를 들면, 백제의 학자였던 아직기와 왕인은 일본 열도로 건너가 한자와 유학을 전합니다. 6세기 말에는 승려 혜총이 일본 아스카 시대 유력한 정치인이었던 소가노 우마코[蘇我馬子]에게 불교의 율법을

백제의 수막새 무늬는 당시 백제인이 일본에 기와 만드는 법을 전수하였다는 것을 실증한다.

전하였습니다. 당시 불교를 반대하던 세력도 있어 불교 수용은 하나의 커다란 정치적 논쟁과 세력 다툼으로 번지게 됩니다. 소가노 우마코는 당시 쇼토쿠[聖德] 태자와 손을 잡고 반대 세력을 몰아내기까지 합니다. 7세기 초에도 백제 승려 관륵이 건너왔으며 천문과 지리 등을 가르쳐 주기도 했다고 합니다. 한마디로 백제 불교의 수용은 일본 입장에서 선진 문물을 배울 수 있는 유력한 통로였던 것이지요.

유학과 불교를 전해 준 백제인들

이렇게 백제에서 일본으로 건너간 문물 중에 오늘날 우리도 눈으로 확인할 수 있는 몇 가지를 한 번 살펴볼까 합니다. 우선 백제와 일본과의 관계를 파악하는 데 매우 중요한 '칠지도七支刀'가 있습니다. 여러분도 아마 얼핏 본 적이 있을 텐데요. 마치 나무줄기에 양 옆으로 3개씩 가지가 붙은 모양의 철제 칼입니다. 이 칼의 양쪽 옆면에는 금을 박아 새겨 놓은 글, 즉 명문●이 현재까지도 남아 있어요. 여기엔 대략 백제의 왕세자가 왜왕에게 이 칼을 만들어 주었다는 내용이 담겨 있습니다. 그런데 그 시기와 인물, 그리고 의미에 대해선 현재까지도 한국과 일본의 역사학자들 간에 논쟁이 계속되고 있습니다.

　다수의 연구자들은 백제 전성기였던 4세기 근초고왕 시기에 백제가 왜왕에게 하사한 것으로, 당시 백제의 위상이 매우 높았으며 일본에까지 영향력을 행사한 것으로 봅니다. 그러나 일본은 오히려 백제가 칼을 갖다 바쳤다는, 즉 당시 일본이 오히려 정치 외교 관계에서 우위에 있었다고 주장하기도 합니다. 약 74센티미터 길이인 이 독특한 모양의 칠지도는 현재 일본 이소노카미[石上] 신궁에 일본 국보로 지정, 보관되어 있습니다.

일본 나라현의 이소노카미 신궁에 있는 백제의 칼, 칠지도

스에키 질그릇, 그리고 호류지 백제 관음상

　한편, 일본에서 5세기께 고분에서 많이 발견되는 매우 단단하고 굳은 질그릇이 있습니다. 우수한 재질의 그릇이라는 뜻의 '스에키[須惠器]'가 바로 그것인데요. 그 이전까지 일본 열도에서는 물레나 가마를 사용하지 않고 800도 정도의 온도에서 구워 질그릇이 그리 단단하지 못했습니다. 그런데 백제에서 이주한 도공들이 언덕 경사면을 이용하여 오름

● 泰(和)四年五月十一日丙午正陽. 造百練鐵七支刀. 口抗百兵. 宜供供侯王. 口口口口作.先世以來未有此刀. 百濟口世口奇生聖音.故爲倭王旨造. 傳示口世

가마를 만들었습니다. 그리고 여기에서 무려 1000도가 넘는 고온에서도 단단한 그릇을 구워 내게 됩니다. 또한 대부분 회청색을 띠게 되지요. 이 오름 가마로 연료가 연소될 때 산소가 일시적으로 차단되기 때문입니다. 흙 속의 철 성분이 산소와 만나면 붉게 변하는데, 이를 차단하였기 때문에 회색 또는 회청색으로 변합니다. 백제의 이러한 질그릇 생산 방식은 이미 가야에 전해졌으며 일본에도 그 방식이 전해진 것입니다.

6세기에는 백제 불교가 일본에 전파되었다고 위에서 잠시 언급하였는데요. 그 후 일본 아스카 문화의 정수라고 할 수 있는 호류지[法隆寺]라는 절이 쇼토쿠 태자에 의해 건축됩니다. 여기엔 7세기 백제에서 전해진 불상으로 알려진 '호류지 백제 관음상호류지 목조관음보살입상 또는 구다라관음'이 있습니다. 2미터가 훨씬 넘는 키로 매우 날렵하고 호리호리해 보이는 이 관음상은 몸에서 나오는 빛을 형상화한 광배를 하고, 얼굴에 약간의 은은한 미소를 짓고 서 있는 형태입니다. '백제의 미소'라 불리는 서

백제의 검은간토기(왼쪽)와 일본의 스에키 질그릇

호류지의 백제 관음상(왼쪽)과 서산 마애삼존석불

산 마애삼존석불과 비교해 볼 만하지요. 하나의 나무로 조각한 이 불상은 자비를 베풀고 중생을 구제하는 관음보살인데, 팔과 몸을 스치듯 감싼 채로 아래로 늘어뜨린 옷매무새가 매우 입체적으로 표현되었습니다. 또한 한쪽 손은 위로 향하고 반대편 손은 아래로 향하면서도 정병을 들고 있어 지루함을 깨고 대칭적 미를 보여 주고 있습니다. 우아하면서도 기품 있는 신비함을 간직한 백제 관음상이지요.

의자왕이 보내 준 바둑판

마지막으로 저는 백제의 의자왕과 관련된 유물을 통해 백제와 일본과의 관계를 정리해 보려 합니다. 의자왕은 잘 알다시피 나당연합군에 의해 무너진 백제의 마지막 왕입니다. 보통 우리는 그와 관련된 이미지로 삼천궁녀를 가장 먼저 떠올립니다만, 그것은 어디까지나 전설이자 확인되지 않은 이야기일 뿐입니다. 향락과 사치로 나라를 망쳤다는 의자왕의 이미지를 극대화한 것이지요. 오히려 의자왕은 효성이 극진하였으며, 용맹하여 신라의 성들을 선제공격할 정도였습니다. 다만 나당연합군에 의한 파상 공세를 이겨 내지 못했던 것이지요.

그는 수도 사비성이 함락된 후에도 끝까지 웅진으로 피신하여 저항합니다. 그러나 상대적으로 많은 적에 이기지 못하고 당나라에 끌려갑니다. 그런데 백제가 무너지기 전에 의자왕이 일본에 보내 준 바둑알과 바둑알통, 바둑판 등이 있습니다. 현재 도다이지[東大寺]에 있는 쇼소인[正倉院]이라는 왕실 보물 창고에 보관된 이 보물들은 최고의 예술품으로 평가되고 있습니다. 바둑알은 상아로 깎아 염색한 것인데, 그 안에 풀을 물고 날아가는 새가 그려져 있습니다. 바둑알통은 은판을 오려 붙인 것인데, 여기엔 코끼리 그림이 있습니다. 심지어 바둑판은 저 멀리 인도양에 위치한 스리랑카 산産 나무로 만든 것인데, 여기에 상아를 활용하여

도다이지의 쇼소인이라는 왕실 보물 창고

가로 세로 19줄을 새기고 옆면에는 여러 무늬를 넣었습니다.

　앞 장에서 백제는 바다 네트워크를 잘 활용했다고 알려 드렸는데, 그 범위가 동남아시아까지 뻗어 나간 것은 아닌가 할 정도로 매우 놀랍습니다. 이렇게 일본 열도에 다양하면서도 뛰어난 선진 문물을 전해 준 백제. 그러나 백제는 660년 멸망하였으며 3년 뒤 일본과 백제 부흥군이 연합하여 나당연합군과 백강에서 일전을 벌이지만, 수백 척이 불타며 참패를 겪게 됩니다. 그리고 이제 백제는 역사 속으로 사라지게 됩니다. 단, 그 화려한 유물들을 오늘날까지 남겨 둔 채 말이지요.

9
실크로드의 끝에
신라가 있다

가장 한국적인 것이 가장 세계적이라는 말이 있습니다. 가장 딱 들어맞는 예 중 하나가 바로 김치지요. 중국이 원산지인 배추, 게다가 아메리카 작물인 고추를 가루로 만들고 버무려 발효시킨 김치는 우리 고유의 음식이자 세계적인 맛을 자랑합니다. 그런데 여기에도 바로 문화 교류와 창조의 역사가 엿보입니다. 애초부터 우리 것이 아니라도 교류를 통해 배추와 고추를 받아들여 우리만의 독창적 음식으로 재탄생시킨 것이지요. 저는 이런 문화 교류와 재탄생의 문화를 가장 잘 보여 주는 것이 바로 신라의 문화라고 생각합니다.

박혁거세와 석탈해 그리고 김알지

『삼국사기』에 따르면 신라는 고구려·백제보다 훨씬 먼저 탄생했지만, 중국 문물을 상대적으로 가장 늦게 받아들인 국가지요. 그래서 지증왕智證王, 재위 500~514 이전까지는 왕을 뜻하는 남다른 용어를 쓰기도 합니다. 존귀한 사람을 칭하는 '거서간居西干', 제사장이자 무당인 '차차웅次次雄', 연장자를 뜻하는 '이사금尼師今', 그리고 말뚝 또는 우두머리를 뜻하는 '마립간麻立干'이라는 칭호를 사용하였지요. 예를 들면 신라의 시조 박혁거세는 '혁거세 거서간'으로 불립니다. 왕 또한 박·석·김 씨의 세 집단이 번갈아 맡기도 했지요. 말이 울던 자리에 있던 커다란 알에서 태어난 박혁거세부터, 알에서 태어나 궤짝에 실려 바다로 건너온 석탈해, 황금 상자 안에서 나온 김알지 등이 바로 그 시조들입니다. 그런데 신라는 4세기 내물마립간부터 김 씨 세력만이 왕이 됩니다. 또한 이때부터 '마립간'이라는 칭호를 사용합니다. 그 후 6세기 초 지증마립간이 중국식 왕호를 쓰고, 법흥왕法興王, 재위 514~540 때부터 진덕여왕眞德女王, 재위 647~654 때까지는 불교식 왕명을 씁니다. 여러분도 잘 아는 김춘추, 즉 무열왕武烈王, 재위 654~661부터는 유교식 왕명을 채택하지요.

왜 갑자기 장황하게 신라의 왕명과 왕위에 올랐던 집단에 대해 말했을까요? 이것을 이해하면 신라의 동서 교류 영향을 좀 더 선명하게 파악할 수 있기 때문입니다. 예를 들면 신라의 찬란한 황금 문화가 바로 그렇습니다. 여러분도 잘 알고 있는 산山 또는 여기서 파생된 출山자 모양 금관이 집중적으로 나타나는 시기가 주로 김 씨만의 독점적 왕위 계승이 이루어지며 동시에 '마립간'이라는 칭호를 쓰던 5~6세기이기 때문입니다.

가장 한국적이며 가장 세계적인 신라 금관

이 금관은 신라만의 독창적인 기술로 창조된 예술품이자 왕의 권위를 상징하는 것으로 보통 이해됩니다. 그런데 놀랍게도 오늘날 아프가니스탄이 있는 중앙아시아의 중간 위치에 존재한 고대 박트리아의 금관과 조형적으로 매우 유사성을 가지고 있습니다. 물론 그렇다고 단순히 모방했다는 건 아닙니다. 분명한 건 양식적인 영향을 받았다는 것이지요. 이 고대 박트리아라는 국가는 알렉산드로스 대왕이 퍼트린 헬레니즘● 문명을 동으로 전파했으며 반대로 동쪽의 스키타이Scythai나 흉노 등 유목 민족의 문화를 서쪽으로 연결하는 문명의 통로 역할을 했습니다. 신라의 금관에도 유목 민족 문화의 영향이 살짝 보입니다. 경주 노서동 서봉총의 금관에는 유목 민족이 신령스럽게 여긴 사슴의 뿔과 같은 장식이 좌우로 있으며, 봉황 같은 새 문양도 보입니다. 물론 그렇다고 해서 이것이 유목 민족이 만들었다거나 신라 김 씨 왕족이 그 출신이라는 것을 증명하지는 않습니다. 신라 경주 계림의 신령한 나무를 형상화한 것이라는 주장도 있으니까요. 제 관점에서는 결국 신라의 독창적이며 아름다운 위엄의 금관이 이렇게 동서 문화의 교류 속에서 탄생한 창조물이라는 겁니다.

고대 동서 교류는 크게 세 가지입니다. 첫째, 주로 유목민의 주 무대였던 초원길. 이는 몽골 고원에서 고비사막 위를 지나 저 멀리 카스피 해

● 기원전 334년 알렉산드로스 대왕의 동방 원정부터 기원전 30년 로마의 이집트 병합 때까지 그리스와 오리엔트가 서로 영향을 주고받음으로써 생긴 역사적 현상. 이로 인해 세계 시민주의와 개인주의적 경향이 나타났으며, 자연과학이 발달하였다.

와 그 옆 흑해 연안까지 뻗어 나
갑니다. 둘째, 주로 중국의 비단
이 수출되었다는 실크로드, 즉
비단길. 보통 중국의 시안장안에
서 천산 산맥과 파미르 고원을
거치고 중앙아시아를 관통하여
이란을 지나 곧 지중해와 로마
까지 다다르는 길입니다. 셋째,
인도양과 홍해를 거쳐 가는 바
닷길. 중국의 동남 해안에서 시
작하여 인도양을 지나 페르시아
만 또는 홍해를 거쳐 서아시아

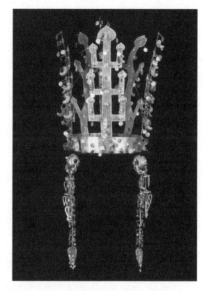

경주 노서동 서봉총에서 발견한 신라 금관

까지 갑니다. 비행기와 인터넷이 없던 시절에도 이렇게 지역과 국경을
넘어 세계는 서로 소통하였던 것입니다. 그리고 속속들이 발견되는 유

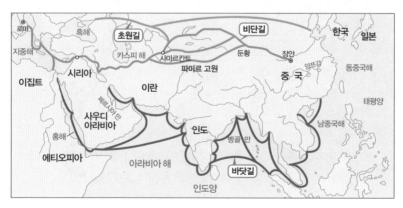

고대에 동서가 교류한 초원길, 비단길, 바닷길

물을 통해 초원길과 비단길 그리고 바닷길의 동쪽 끝은 중국이 아니라
바로 신라라는 것을 알 수 있습니다.

신라로 전해진 로만글라스

국보 193호이자 황남대총 남분에서 발견된 '봉수 모양 유리병'을 볼
까요? 그리스와 로마의 포도주를 따르던 병로만글라스 모양을 본뜬 이 유리
병은 로마의 속주였던 시리아 지역에서 제작되어 실크로드를 타고 중국
은 물론 신라까지 영향을 준 것을 확연히 보여 줍니다. 경주 계림로 14호
무덤에서 출토된 길이 36센티미터의 '금제감장보검보물 635호'은 비록 철

왼쪽부터 황남대총에서 발견된 봉수 모양 유리병, 경주 계림로 14호분에서 발견된 금제감장보검, 미
추왕릉 4호분에서 발견된 상감 유리 목걸이다.

74

제 칼이 부식되었지만, 금선과 금 알갱이를 붙이는 이른바 누금세공 기법이 보입니다. 이는 흑해 그리스 문화권에서 시작하여 사산조 페르시아를 거쳐 신라까지 전파된 기술이지요. 또한 손잡이 부분의 'P'자형과 아래 'D'자형의 패용 장식구도 저 멀리 서쪽의 사산조 페르시아에서 유행하였던 것입니다. 황남대총에서 출토된 은제 그릇의 뚜껑과 아래 그릇 끝 부분에는 각각 금으로 도금되어 있는데, 이마저도 사산조 페르시아의 금속공예 기법입니다. 한편, 미추왕릉 4호 무덤에서 발견된 길이 41.6센티미터의 '유리 목걸이보물 634호'의 구슬에는 사람 얼굴과 새 그림이 들어 있습니다. 이런 기법은 고대 인도네시아의 유리 공예 기술이 바닷길을 통해 신라로 전해진 것으로 최근 알려지게 되었답니다.

자, 이렇게 고대 신라에서는 특히 5~6세기에 걸쳐 동서 문명 교류의 통로를 통해 화려한 금관과 다양한 금속 및 유리 공예품을 창조해 냅니다. 그렇다면 반대로 신라의 고유한 문화는 어떤 형태로 서쪽으로 전해졌을까요? 자못 궁금해집니다.

10

진흥왕,
한강을 차지하다

660년, 그리고 668년 각각 백제와 고구려를 무너뜨리고 삼국을 통일한 신라. 나당연합을 조직해 통일의 주도권을 가져갔다고 자칫 생각하기 쉬우나 이미 100여 년 전에 신라는 통일의 기반을 마련합니다. 그것은 바로 신라 24대 왕이던 진흥왕의 남다른 전략과 실행 때문에 가능한 것이었지요. 7살 어린 나이에 왕위에 올라 무려 36년간 신라를 진두지휘한 진흥왕眞興王, 재위 540~576은 고구려와 백제 모두를 물리치며 삼국 간의 항쟁에서 주도권을 잡는 데 성공합니다.

나제동맹의 활용과 파기

551년 고구려로부터 남한강 유역을 뺏은 후 세운 단양 적성비부터 시작해 555년 북한산 순수비, 561년 세운 창녕 순수비, 568년 황초령·마운령 순수비 등을 통해 우리는 진흥왕이 남과 북, 그리고 서쪽으로 영토를 확장하는 데 성공했다는 사실을 알 수 있습니다. 박혁거세 이후 동쪽에 치우쳐 있던 신라가 건국 이후 최대의 영토 확보에 성공한 것이지요. 그런데 그 시작은 의외로 백제였습니다. 당시 백제 26대 왕인 성왕聖王, 재위 523~554은 수도를 사비로 옮기고 국호를 남부여로 고친 뒤 고구려로부터 잃어버린 한강 유역을 되찾기 위해 신라와 연합, 즉 나제동맹을 강화합니다. 진흥왕은 이 나제동맹을 받아들이면서 다른 전략을 준비합니다.

551년 나제동맹군은 고구려를 공격해 한강 유역을 둘러싸고 있는 충북, 강원 영서, 경기 일대를 차지합니다. 5세기 장수왕의 남하로 빼앗긴 한강 유역 일부를 백제는 신라의 도움으로 차츰 회복해 나간 것이지요. 그런데 553년 진흥왕은 120년 동안 지속되었던 나제동맹을 일방적

왼쪽부터 단양 적성비, 북한산 순수비, 창녕 순수비다.

으로 파기하고 백제군을 기습합니다. 토사구팽兔死狗烹. 사냥하러 가서 토끼를 잡은 후 더 이상 필요가 없어진 개는 삶아 먹는다는 고사처럼 진흥왕은 상대방이 방심한 틈을 역이용한 것이지요. 이제 한강의 주인은 신라로 바뀌게 됩니다. 진흥왕은 황해를 건너 중국과 직접 교류할 수 있는 교두보를 확보하였으며, 북쪽의 고구려와 서남쪽의 백제를 강하게 압박할 수 있는 전략적 위치를 차지하게 된 것이지요.

관산성 전투, 백제 성왕의 전사

이런 상황에 대해 가장 강하게 반발한 나라는 백제입니다. 이제 백제

에 신라는 배신의 아이콘이자 무너뜨려야 할 원수가 된 것이지요. 554년 백제 성왕은 우호 관계에 있던 왜倭와 가야까지 총동원하여 신라 땅으로 통하는 관문이자 전략적 요충지인 관산성충북 옥천을 총공격해 차지하는 데 성공합니다. 성왕은 매우 기뻐하며 군사들을 격려하기 위해 단지 50명의 병사들만 거느리고 관산성에 가던 중 신라

복병에게 의외의 기습을 받게 됩니다. 성왕은 결국 살해당하였으며 신라는 파죽지세로 관산성을 공격해 3만여 백제군을 몰살시켜 버립니다.

이제 한강 유역은 확실하게 신라가 차지하게 되었으며, 그 증거가 바로 지금까지 전해져 오는 북한산 순수비입니다. 555년 진흥왕은 직접 북한산을 순행하며 자신이 차지한 영역을 확인한 것이지요. 진흥왕은 여기서 만족하지 않고, 남쪽으로 군사를 보내 대가야를 비롯한 가야연맹을 정복하며 낙동강 유역을 장악합니다. 북쪽으로는 고구려를 공격해 함경도 지역을 차지하였지요. 이 정복지들에도 마찬가지로 진흥왕은 순수비를 세웁니다.

화랑도와 황룡사를 만든 진흥왕

진흥왕은 단순히 싸움만 잘한 것은 아닙니다. 국력을 모으고 전쟁을 쉴 새 없이 치른다는 것은 그만큼 준비가 필요하기 때문입니다. 그리고 신라인들을 하나로 모을 수 있는 남다른 방안도 필요했지요. 그는 이를 해결하기 위해 화랑도花郞徒를 만들고 황룡사를 창건했습니다. 화랑도 이전에 '원화源花'라고 하여 청소년 집단이 있었지만, 이를 개편해 심신 수련에서부터 군사 역할까지 담당하도록 만들었지요. 귀족 자제 중에서 선발된 화랑이 우두머리가 돼 일반 평민의 자제까지 참여하는 화랑도를 통해 국가 발전의 인재를 꾸준히 찾을 수 있었지요. 이 시기 대표적 화랑으로 가야 멸망에 앞장 선 사다함이 있습니다. 한편 진흥왕은 신라 최대 사찰인 황룡사를 창건합니다. 신라가 성스러운 짐승인 황룡이 지켜주는

황룡사지 전경

불국토佛國土임을 내세우며 사회 분위기를 하나로 모아 국력을 신장시킨 것입니다.

이렇게 만반의 준비를 통해 진흥왕은 북쪽으로는 동해안을 따라 함흥 평야 일대까지, 서쪽으로는 한강 유역을 통해 황해까지, 그리고 남쪽으로는 낙동강 유역까지 뻗어 나가며 삼국 각축전의 주도권을 쥘 수 있게 되었습니다. 6세기 진흥왕의 놀라운 영토 확장 과정을 통해 이제 신라는 삼국 통일의 대업을 이룰 수 있는 지름길을 확보하게 되었습니다. 그리고 100여 년 뒤 그 길은 완성되지요. 누구에게나 기회가 오지만 아무나 그 기회를 잡는 것은 아닙니다.

미리 준비한 자에게, 그리고 남다른 생각과 전략이 있는 자에게 기회는 한줄기 빛이 되는 것이지요. 이제는 북한산 정상이 아니라 국립중앙박물관에 전시된 국보 3호 북한산 진흥왕 순수비를 보며, 6세기 우리 역사를 다시금 곱씹어 봅니다.

11
뉴욕으로 날아간
금동 미륵보살 반가사유상

지난 2013년 뉴욕에 있는 메트로폴리탄 박물관에서 「신라: 한국의 황금왕국」 전시회가 개최되었습니다. 세계적인 박물관에 신라의 금관을 비롯 황금 유물이 당당히 소개된 것이지요. 여기에 전시된 유물 중에서 가장 뜨거운 이슈가 되었던 것은 바로 국보 83호 '금동 미륵보살 반가사유상'입니다. 도난과 훼손의 우려가 있어 반출할 것이냐 말 것이냐를 놓고 논쟁이 있었는데요. 결국 뉴욕 한복판에 그 진짜 모습을 드러내게 되었습니다.

중생 구제를 고민하는 미륵보살

금동 미륵보살 반가사유상은 대립과 조화의 완벽한 미를 보여 주는 최고의 국보 중 하나입니다. 자세히 보면 동그란 얼굴에 양 눈썹에서 콧마루까지 내려오는 날카로운 선과 잔잔한 미소, 왼쪽 다리를 수직으로 세운 것에 대조적으로 오른쪽 다리를 편안하게 들어 올리고 있습니다. 여기에 오른손을 뺨에 댄 듯, 턱을 괸 듯한 신비로운 자세를 잡고 있지요. 그리고 상반신과 반대되는 오메가Ω형 옷 주름이 하반신에 두드러지면서 전체적인 조화를 이루고 있지요.

국보 83호인 금동 미륵보살 반가사유상

이 불상에 대해, 먼저 '미륵'이라는 개념에서부터 살펴볼까 합니다. 얼핏 여러분도 백제 '미륵사지석탑'이나 살아있는 미륵이라 자칭한 궁예를 통해 '미륵'에 대해 들어 본 적이 있을 거예요. 미륵은 원래 석가모니불의 '친구'라는 '미트라Mithra, 고대 페르시아 신화에 나오는 신'에서 유래한 이름입니다. 그래서인지 석가모니 이후 무려 56억 7000만 년이 되면 이 땅에 내려와 용화수 아래에서 부처가 되어 남아 있는 중생들을 구제해 준다고 합니다. 그만큼

82

민중에게 미륵불은 구세주이므로 매우 대중적인 신앙으로 퍼지게 됩니다. 삼국시대의 쟁탈전과 통일 전쟁으로 어수선한 상황에서 더욱 더 미륵 신앙은 유행할 수밖에 없었지요. 아니면 백제 무왕처럼 미륵사를 창건하거나 궁예처럼 자칭 미륵이라고 내세우는 일도 벌어지게 됩니다.

그렇다면 반가사유상은 무엇일까요? 원래 왕자였던 석가모니가 생로병사의 굴레에서 벗어나기 위해 사유하던 모습에서 유래하였는데요. 이것이 점차 변화하여 아직 부처가 아닌 보살의 모습으로 도솔천兜率天에 있으면서 먼 훗날 이 땅의 중생들을 어떻게 구제할 것인가 명상에 잠겨 있는 미륵보살의 반가사유상으로 형성됩니다.

자연스럽고 대칭적인 조화의 미를 선보이다

이 미륵보살 반가사유상은 삼국시대 중에서도 6~7세기에 집중적으로 만들어집니다. 고구려, 백제, 신라 모두 경쟁하듯 만들었지요. 당시는 삼국 간 전쟁이 가장 치열하게 벌어지던 시기이기도 했고요. 이 반가사유상은 조형적으로 반가좌의 형상을 돋보이게 하기 위해 얼굴과 팔, 다리와 허리 등의 신체적 조화를 잘 맞춰야 하기에 쉬운 작업이 아니었습니다. 특히 국보 83호의 금동 미륵보살 반가사유상처럼 거의 완벽에 가까운 반가좌 형상은 실제 살아 있는 사람의 모습에서 표현될 수 없지요. 그만큼 허리를 더 숙여야 하거나 팔이 매우 길어야 가능한 모습이기 때문이지요. 국보 118호인 고구려 금동 미륵 반가사유상이나 일본 도쿄 국립박물관에 있는 백제 금동 반가사유상 등을 보면 결국 오른팔의 모

국보 118호인 고구려 금동 미륵 반가사유상

습이나 휘어진 등과 허리가 실제와는 닮아 보이지만 미술적으로는 어색하고 조화롭지 못하다는 것을 알게 됩니다.

그런 점에서 국보 83호와 가장 많이 비교되는 것이 국보 78호인 금동 미륵보살 반가사유상과 일본 국보 1호인 고류지[廣隆寺] 목조 미륵보살 반가사유상입니다. 이 두 반가상 모두 자연스러움과 조화의 미가 잘 어우러져 있어요. 국보 78호는 머리에 쓰는 '보관'이 매우 복잡한 형태이고 상반신에도 옷을 걸치고 있는 듯한 모습에서 차이가 날 뿐 전체적으로 날렵하고 유기적인 조화의 미는 매우 비슷합니다.

한편, 일본 국보 1호 목조 미륵보살 반가사유상은 우리나라 금동반가상과 자주 비교되곤 하는데요. 특히 『일본서기』에 고류지의 창건자가 신라계 도왜인으로 알려진 진하승秦河勝, 6~7세기으로 나옵니다. 또한 당시 실세였던 쇼토쿠 태자가 세상을 떠나자 그를 애도하며 신라 장인을 불러 미륵보살 반가사유상을 제작하게 되는데, 일본산이 아닌 신라의 적송을 재료로 사용했다는 것이지요. 그리고 그 모습도 거의 국보 83호와 대동소이하여 이 일본 국보 1호의 반가상 역시 신라의 영향으로 보기도 합니다. 다만 최근 그 제작 기법과 조각의 조형적 특징이 백제 미술의 영

왼쪽은 금동 미륵보살 반가사유상(국보 78호), 오른쪽은 일본 고류지의 목조 미륵보살 반가사유상(일본 국보 1호)이다.

향을 받은 것 아니냐는 반론도 제기되고 있습니다. 그렇지만 얼굴 모습은 분명 차이점이 나타납니다.

근현대 시기 일본에서 문화재를 수정·보완하면서 얼굴 모습을 좀 더 일본인에 맞게 고쳤다는 설도 있지요. 한편 국보 83호는 학계에선 대체적으로 신라에서 제작한 것으로 보지만 확정적이지 않아 고등학교 교과서까지는 보통 '삼국시대' 제작으로 나옵니다. 그러다 2013년 메트로폴리탄 전시전에서 국보 83호가 뉴욕 한복판에 신라의 작품으로 소개된 것이지요.

신라 화랑도에 영향을 준 미륵 신앙

고구려, 백제, 신라 모두 자신들의 종교로 불교를 믿었으며, 미륵 신앙을 적극 수용한 것은 공통 분모입니다. 그런데 특히 신라는 미륵 신앙을 화랑도에도 수용하는 남다른 면이 있습니다. 우두머리인 화랑이 바로 중생 구제를 위해 도솔천에서 내려온 미륵이라는 것이지요. 그래서 화랑도를 때론 '용화향도龍華香徒'라고 불렀다고도 합니다. 불교적 세계관을 화랑도에 수용하고 이를 호국 불교로 활용하며 결국 통일의 지름길로 달려간 것이 신라이기도 하지요. 특히 황금 문화로 명성을 떨친 신라에서 어쩌면 금동 미륵보살 반가사유상이 많이 나오는 것은 당연한 것인지도 모릅니다.

세계 4대 박물관 중 하나인 뉴욕 메트로폴리탄 박물관에 소개된 우리의 아름다운 금동 미륵보살 반가사유상. 이제 세상을 구원하기 위해 고민하는 미륵의 모습이 21세기에 되살아난 기록적인 사건을 돌아보며, 그 완벽한 예술적 완성도와 중생을 구제하는 은은한 미소를 떠올려 봅니다.

12
원효와 의상,
서로 다른 길을 가다

○

일본 교토 고잔지[高山寺]에는 독특한 불화가 전해져 오고 있습니다. 거친 파도를 가르는 배를 용 한 마리가 지켜 주며 인도하는 그림이지요. 이 그림은 중국 당나라에서 불교를 유학하고 신라로 돌아오는 승려 의상義相, 625~702 일행과, 그를 남몰래 사모하였던 당나라 여성 선묘善妙가 용이 되어 의상을 수호했다는 이야기를 담은 겁니다. 그만큼 의상의 명성이 동아시아에 널리 퍼졌다는 반증이기도 하지요. 한편, 의상이 신라로 돌아와 태백산의 한자락에 절을 세우려 했는데, 그곳에 기거하던 한 무리의 산적들이 의상을 위협하여 죽이려 합니다. 그러자 용이 된 선묘가 큼지막한 바위를 공중에 들었다 놓았다 하며 그들을 넋이 나갈 정도로 혼쭐을 내놓습니다. 이 산적들은 곧 의상에게 귀의하여 제자가 되었다고 해요. 그리고 그 돌이 공중에 떠 있었다 해서 절 이름은 '부석사浮石寺'라 명명됩니다.

부석사 짓고 화엄종 널리 알린 의상 대사

의상은 7세기 신라가 백제와 고구려를 누르고 통일을 이뤄 내던 시기를 살아간 승려입니다. 그는 불법을 배우러 중국 당나라에 가 승려 지엄智儼, 602~668에게 10년간 화엄종華嚴宗 을 배우고 성공리에 돌아왔습니다. 화엄종이란 간단하게 말하면 "부처의 경지에서 이 세상을 포함한 온 우주를 파악한다"는 불교의 한 종파인데요. 그는 화엄 사상의 핵심적인

의상 대사

내용을 210자에 담아 상징적인 정사각형 도안으로 배열하여 쉽게 설명하려 하였습니다. 그것이 『화엄일승법계도華嚴一乘法界圖』입니다.

이 속에는 "하나 가운데 모든 것이 들어 있으며 많은 가운데 하나가 있다. 하나의 티끌 속에 온 우주가 포함되어 있고 모든 티끌 속에 온 우주가 있다"는 내용이 담겨 있지요. 흔히 '하나는 곧 모두이며 모든 것이 곧 하나'로 표현되는데요. 부처는 모든 중생을 헤아리며 모든 중생은 수행을 통

경북 영주에 있는 부석사(위)와 강원도 양양에 있는 낙산사(아래)

해 자신이 본디 부처가 될 수 있다는 것을 깨닫게 된다는 의미입니다. 사실 의상은 진골 귀족 출신으로 신라 최고의 신분이었어요. 그럼에도 그 어떤 권세를 누리지 않고 단지 옷 세 벌과 바리 하나 외에는 아무것도 소유하지 않는 청빈한 삶을 살았습니다. 또한 노비 출신이거나 빈민 출신인 제자도 차별하지 않고 모두 받아들이며 만물은 평등하다는 불교의 가르침을 몸소 실천하였지요. 또한 중생의 고난을 구제해 준다는 관세음보살이 머물고 있다는 '보타락산補陀落山'의 줄임말인 '낙산'에서 따 와, 동해 바다가 넘실거리는 강원도 양양에 낙산사洛山寺를 창건합니다.

당시 의상은 관세음보살을 직접 만나기를 원했습니다. 그런데 진짜 흰 옷을 입은 관세음보살이 의상에게 동해 용의 보물 여의주와 수정 염주를 주었으며, 산마루에 한 쌍의 대나무가 자라는 곳에 절을 지을 것을 알려 주었다고 합니다.• 의상은 화엄 사상과 관음 신앙으로 통일 신라의 불교를 발전시키고 여러 사찰을 창건한 것이지요. 특히, 질병이나 재해 등 인간 생활의 현실적인 문제에 고통 받고 있는 백성에게 희망을 줄 수 있는 관음 신앙을 널리 퍼트리며 불교 대중화의 또 다른 길을 열었습니다.

해골바가지 물에서 깨달음 얻은 원효대사

한편, 의상과 함께 당나라 유학길에 올랐으나 돌연 이를 포기한 또 다른 승려가 있었습니다. 그의 이름은 원효元曉, 617~686. 한때 화랑으로 활동하던 그는 어머니의 죽음에 충격을 받아 삶의 의미를 찾아 고민하던 중 출가를 결정하게 됩니다. 그리고 661년에 후배였던 의상과 함께

• 이 설화는 이후 고려 시대에 더욱 퍼져 고려의 대표적 불화인 「수월관음도(162쪽 참조)」에 일부 반영되기도 한다.

당나라로 가기 위해 중국으로 바로 떠날 수 있는 황해의 당항성으로 향합니다. 그는 날이 저물어 무덤 주변에서 잠을 자다 갈증을 느껴 주변에 있는 물을 아무 생각 없이 달게 마십니다. 그리고 기분 좋게 다시 잠이 든 후 아침에 일어나 보니, 잠결에 마신 그 시원한 물이 사실은 해골에 괴어 있는 썩은 물인 것을 알게 됩니다. 곧 구역질을 하게 되지만, 원효는 그 순간 깨달음을 얻습니다. 결국 해골 물이나 갈증을 해소한 물이나 매한가지라는 것. 중요한 것은 내 안의 마음

원효대사

가짐이라는 것이지요. "이 세상의 온갖 현상은 모두 마음에서 일어나며, 모든 법은 오직 인식일 뿐이다"라는 이른바 '일체유심조一切唯心造'를 터득하게 됩니다.

원효는 10년 넘게 준비해 오던 당나라 유학길을 그 자리에서 포기합니다. 이후 그는 신라로 돌아와 "입으로 부처의 이름을 외우고 귀로 부처의 가르침을 들으면 성불할 수 있습니다"라는 가르침을 통해 누구나 쉽게 불교에 귀의하는 길을 열어 나갑니다.

동아시아 불교문화에 영향 끼친 의상과 원효

원효는 『금강삼매경론소』와 『대승기신론소』, 『십문화쟁론』 등에서 '일심—心' 사상을 설파합니다. 모든 것이 '한 마음'에서 나온다는 그의 논리는 세상 모든 것의 특징과 존재를 무시하고 딱 한 가지만 가지라는 것이 아니라, 다양한 차이와 특징을 포용할 수 있는 조화의 논리로 '일심'을 설파하지요. 당시 신라는 외적으로 통일 전쟁에서 수많은 이들이 죽거나 다쳤으며, 불교 내부에서도 여러 종파로 나누어 논쟁을 하던 때였습니다. 원효는 이를 모두 포용하며 마치 바다처럼 하나로 아우르는, 갈등과 분열을 조화할 수 있는 '화쟁和諍' 사상을 주장합니다.

의상이 당의 선진적인 화엄종을 익혀 그것을 신라의 풍토에 맞게 설파하였다면, 원효는 반대로 독자적인 깨달음을 통해 당시 신라인의 마음을 치유해 주고 폭넓은 조화의 길을 터놓은 것이지요. 더 나아가 그의 사상은 당과 일본에 영향을 미쳤는데, 일본에 남아 있는 『판비량론 判比量論』에서는 기존 당나라 현장 법사玄奘, 『서유기』의 실제 인물의 불교 사상을 비판적으로 논하기도 합니다.

자, 길은 달랐지만 의상과 원효는 모두 당시 신라는 물론 중국과 일본에도 지대한 영향을 끼쳤으며, 외형적인 통일은 달성했지만 전쟁으로 지친 신라인에게 정신적 위안과 안정을 나눠 주었습니다.

13
발해는 결코
중국사가 될 수 없다

2002년부터 중국이 추진한 이른바 '동북공정東北工程'이라는 것이 있습니다. 그들 입장에서 만주 지역 동북 3성省의 역사와 문화를 재해석하는 국가사업이었지요. 그러나 실제로는 중국 민족주의의 강화로 이어지며 이 지역의 역사를 왜곡하기 시작합니다. 바로 우리 민족의 역사인 고조선, 부여, 고구려, 발해사가 모두 중국사라는 것입니다. 정말 황당무계하지요?

특히 만주 지역은 물론 오늘날 러시아 영토인 연해주까지 차지한 발해에 대해 말갈족의 국가라는 역사 왜곡을 시도합니다. 그리고 당이 발해의 시조인 대조영大祚榮, 재위 698~719을 '발해군왕'으로 책봉했다며 발해는 당나라 변경에 있던 지방정권일 뿐이라고 주장합니다. 결국 중국 역사에 발해의 역사를 귀속시키려는 의도입니다.

중국의 역사 왜곡, 동북공정

그렇다면 이를 반박하고 중국의 역사 왜곡을 증명할 수 있는 역사적 유물과 기록이 있을까요? 저는 1980년 중국 지린성 화룡현 용두산에서 발굴된 한 무덤을 언급하고 싶습니다. 이 무덤의 주인공은 792년 6월에 36살로, 아버지였던 왕보다 먼저 사망한 발해의 정효 공주입니다. 그녀는 문왕의 넷째 딸이었는데요. 여기서 묘지석이 하나 출토됐습니다. '대흥보력효감금륜성법대왕大興寶曆孝感金輪聖法大王'이라는 꽤 긴 이름이 나옵니다. 정효 공주의 아버지는 바로 '대흥' 그리고 '보력'이라는 연호를 사용한 발해 3대왕 문왕文王, 재위 737~793입니다. 흥미로운 점은 이 묘지석의 이름처럼, 당시 중국의 황제만이 쓰는 연호를 발해도 독자적으로 쓰고 있었다는 것이지요. 여기에 유교적으로 효성이 지극하여 감동한다는 '효감'이라는 글자와 '금륜성법대왕'이라고 하여 불법을 수호하는 왕이라는 불교의 왕명을 활용하는 등 최고의 존칭만 모아 사용하였지요. 사실 중국 황제만이 쓸 수 있는 연호를 발해는 이미 1대 왕이었던 대조영 때부터 사용합니다. 그의 연호는 '천통天統, 천자의 혈통', 2대 대무예 무왕武王, 재위 719~737도 '인안仁安'이라는 연호를 사용했어요.

그렇다면 발해가 연호를 사용한 것 이외에 또 다른 증거는 없을까요? 2대 왕인 무왕은 당과 대립각을 세우고, 장문휴 장군을 시켜 당의 산둥반도를 공격하는 담대함을 보여 줍니다. 당의 일개 지방정권이라면 상상조차 할 수 없는 공격이지요.

당과 대등한 황제국임을 내세운 발해

자, 그런데 발해 3대 왕인 문왕 때부터 무언가 헷갈리는 일이 발생합니다. 분명 연호를 사용하지만 당나라의 문물이 적극적으로 도입되기 시작합니다. 당나라 중앙 제도인 '3성 6부三省六部'가 유사하게 발해에서도 시행되고, 수도 상경용천부현 흑룡강성 영안현 동경성에 당의 수도인 장안성을 본따 '주작대로朱雀大路'를 건설합니다. 그럼 정말 당나라의 지방정권이라서 이렇게 따라한 걸까요?

결론부터 말씀드리면 결코 아닙니다. 패션에도 유행이 있듯 당시 국제적 교류의 중심에 있었던 당나라 문화를 받아들인 것뿐이지요. 발해 문왕은 당의 선진 문물을 수용하되 여기에 종속되지 않고 거꾸로 발해도 당당한 황제 국가로 만드는 이중 전략을 택한 것입니다.

당의 3성 6부라는 중앙 제도는 발해에서 명칭과 운영 면에서 독자

상경용천부에서 나온 발해 전돌(왼쪽)과 청동 기마 인물상(오른쪽). 전돌은 오늘날 보도블록처럼 통로 바닥에 깔았던 벽돌을 말한다. 둘 다 복제한 것이다.

성이 엿보입니다. 정당성政堂省, 국가의 행정을 총괄하던 최고 관아의 장관인 대내상 大內相이 중심이 돼 그 아래에 좌사정左司政과 우사정右司政이라는 이원적 운영 체계를 만들고, '이·호·예·병·형·공부'의 당나라 6부가 아닌 '충·인·의·지·예·신'이라는 유교적 명칭을 사용하였지요. 더구나 이미 황제국인 당나라처럼 3성 6부를 쓴다는 것 자체가 지방정권이 아니라 당과 동등한 국가임을 나타냅니다. 또한 수도를 몇 번 옮겼는데, 특히 오늘날 중국 헤이룽장성 근처 목단강 유역인 상경용천부로 옮기고, 당의 장안성을 모방한 주작대로를 만들었어요. 이는 단순한 수도 천도가 아니라 옛 고구려 영토를 회복함과 동시에 북쪽의 말갈족을 효율적으로 제압하고 통치하기 위해 수도의 위상을 장안성만큼 높인 것이지요.

고구려 계승하고 문물을 발전시킨 발해 문왕

한편 발해 문왕은 일본과도 사신을 교환하며 우호 관계를 넓혔는데요. 758년 사신단을 일본에 보냈을 때 국서에 '고려국왕高麗國王'이라고 표현하였습니다. 그러자 일본에서도 문왕을 고려왕이라고 인정하는 국서를 보내왔어요. 즉, 당시 대외적으로 발해는 엄연히 독자적인 국가이자, 고구려를 계승한 국가임을 인정받고 있었던 겁니다. 이런 문왕을 당나라도 인정할 수밖에 없었습니다. 한때 발해의 황제를 발해군왕渤海郡王이라 낮추어 불렀던 당도 762년부터 문왕을 발해국왕으로 불렀습니다. 국력이 커진 발해를 당나라도 인정한 것이지요. 이런 치세를 통해 문왕은 만주와 연해주, 그리고 한반도 북부를 다스리는 대제국으로 발해를

발해사가 언급된 나라시대 일본의 목간(왼쪽)과 정혜 공주 묘에서 발견된 돌사자상

발전시킵니다. 오히려 옛 고구려의 전성기 때보다도 2배 정도 큰 영역을 다스리게 되었지요. 마치 고구려 시조 주몽처럼 '천손天孫', 즉 하늘의 자손임을 내세우는 동시에 유연한 통치와 외교 관계로 발해는 8세기 동아시아에서 당당한 자주 독립국가로 위상을 떨치게 됩니다.

　문왕의 둘째 딸인 정혜 공주 묘에서 발견된 돌사자상이 있습니다. 마치 고구려를 이은 듯 앞다리를 곧게 펴고 날카로운 이빨을 드러낸 위용이 당시 명실상부하게 동아시아의 독자적 국가로 발돋움한 발해를 연상케 합니다. 서태지의 노래 제목처럼 오늘, 발해를 꿈꿔 봅니다.

[고려]

고려 건국 (왕건)	발해 멸망 (거란)	후삼국 통일 (태조 왕건)	노비안검법 (광종)	최승로의 시무 28조(성종)	거란 침입 (서희)
918년	926년	936년	956년	982년	993년

위화도 회군 (이성계)	반원 자주 개혁(공민왕)	몽골 침입 (김윤후)	무신 정변	서경 천도 운동(묘청)
1388년	1356년	1231년	1170년	1135년

제3부

고려

한국미술사

14

태조 왕건,
지금 내 옆에는 누가 있는가?

영원할 것만 같았던 천년 왕국 신라도 8세기 후반부터 서서히 무너지기 시작합니다. 혜공왕惠恭王, 재위 765~780이 피살되던 시점부터 150여 년 동안 왕이 무려 20명이나 교체되는 등 왕권은 땅에 떨어지고 있었지요. 진골 귀족들은 서로 왕이 되겠다고 끊임없이 다투기 바빴습니다. 그러다 보니 자연스레 지방 통치도 허술해져 반란이 터지거나 자연재해와 전염병이 겹쳐 하루하루 살기 힘들었던 농민들이 도적이 되는 상황이 발생했습니다. 9세기 말 진성여왕眞聖女王, 재위 887~897 때에 벌어진 원종·애노의 난889년에 사벌주에서 일어난 농민 봉기이 대표적이며, 붉은 바지를 입어 '적고적赤袴賊'이라 불린 도적들이 경주 근처까지 나타나는 일도 생겼습니다.

무너져 가는 천년 왕국 신라, 인재를 놓치다

그렇다면 신라의 국력이 쇠퇴하는 것을 안타까워하며 이를 막아 보려 했던 이들은 없었을까요? 물론 분명히 있었습니다. 통일 직후 왕권을 뒷받침했던 6두품 세력들이 이때에도 있었지요. 대표적으로 당에서 유학하고 돌아와 진성여왕에게 개혁안을 올렸던 최치원崔致遠이 있습니다. 그러나 왕은 그의 개혁안을 실현시키지 못합니다. 진골 귀족들의 견제와 반대가 노골적이었기 때문입니다. 그래서 최치원은 세상을 등지고 은둔할 수밖에 없었습니다. 반면 또 다른 6두품 출신의 일부는 반신라 세력으로 돌아서 자신을 알아줄 주군을 찾게 됩니다. 최승우崔承祐와 최언위崔彦撝 등이 바로 그런 인물이지요.•

한편, 당시 신라의 국력이 급속히 약화되는 가운데 지방에서 성을 쌓고 군대를 보유하며, 스스로를 성주와 장군이라 일컫는 호족들이 등장합니다. 그중 두각을 나타낸 인물은 후백제와 후고구려를 건국한 견훤과 궁예입니다. 견훤甄萱, 867~936은 신라의 하급 군인 출신으로, 세력을 규합해 무진주현 광주를 점령한 뒤에 여러 호족에게서 지원을 받습니다. 그리고 마침내 900년 완산주전주에 도읍을 정하고 후백제를 세웠습니다. 궁예弓裔, 재위 901~918는 강원도 호족 양길의 부하로 출발했는데, 힘을 키워 강원도와 경기도는 물론 황해도 지역까지 차지한 뒤 901년 송악개성에 후고구려를 세웁니다. 견훤과 궁예는 인재들을 불러 모아 세상을 바꾸려

• 최승우는 도당 유학생으로 당의 관리로 재직한 적도 있으나 통일신라로 귀국하여 후백제를 세운 견훤의 책사로 활약하였다. 최언위는 9세기 후반 도당 유학생으로 당에 다녀온 후 통일신라의 관료로 활동하다 고려 태조 왕건에게 귀의하였다. 고려 왕조의 유교적 통치 체제 정비에 크게 기여하였다.

합니다. 여기에 호응해 많은 인물이 모여드는데, 앞서 언급한 6두품 출신의 최승우가 후백제로 들어가 견훤의 지략가로 활약하게 되지요.

변방의 인물 왕건, 세상을 얻다

궁예에게는 아지태, 종간, 최응 등의 책사와 함께 왕건이라는 20대 초입의 인물이 등장합니다. 여러분도 잘 알고 있는 고려를 세운 태조 왕건王建, 재위 918~943입니다. 이때만 하더라도 그는 당시 신라 변방인 송악의 일개 성주 자식으로 무명의 인물이었지요. 그는 22살 때부터 궁예의 장수로 활약하게 되는데요. 흥미롭게도 육군이 아니라 수군을 거느리고 후백제의 배후인 전남 나주를 공략합니다. 뒤통수를 얻어맞은 듯 당시 견훤의 간담을 서늘하게 만들면서 그는 두각을 나타내기 시작합니다.

이런 상황에서 궁예는 주변 사람들을 믿지 않고 자칭 '미륵'이라 하며 오로지 자신만을 내세우는 폭압적 정치를 합니다. 그러나 시대는 우후죽순처럼 자란 각 지역의 호족들과 인재들을 통합할 수 있는 새 리더를 원하고 있었습니다. 그런 점에서 궁예는 전형적인 구시대 인물이었지요. 한 예로 궁

조선 시대에 제작한 왕건 영전의 모사본

고려 태조 왕건의 위패를 모시는 숭의전은 경기도 연천군에 있다.

예가 왕건에게 모반을 꾀한 사실을 안다며 추궁한 적이 있습니다. 왕건
은 억울한 나머지 곧바로 부인하려 합니다. 그러자 책사 최응이 일부러
자신의 붓을 떨어뜨리더니 붓을 줍는 척하며 왕건에게 이를 인정할 것
을 권합니다. 왕건은 그 뜻을 알아차리고 거짓 자백을 하지요. 궁예는 자
신이 이미 모든 걸 다 알고 있다고 자만하며 왕건을 놓아줍니다. 궁예는
오로지 자신만을 믿었고, 왕건은 주변 사람의 말을 포용할 줄 알았다는
점에서 둘은 극명하게 대비됩니다.

인재를 포용하고, 지방 호족을 통합할 줄 아는 리더

918년, 결국 왕건은 주변 사람들의 도움을 받아 궁예를 쫓아내고
'고려'를 건국합니다. 그리고 견훤과 자웅을 겨루는 운명의 전투를 시

작하지요. 왕건은 전투 초반에 견훤의 기세에 밀려 공산 전투公山戰鬪에서 포위 당해 자칫 목숨을 잃을 뻔합니다. 그때 궁예를 몰아내는 데 일등 공신이었던 신숭겸이 목숨을 바쳐 그를 구해 냄으로써 위기를 모면하게 됩니다.● 그 후 왕건은 930년 고창군경북 안동 전투에서 후백제군을 크게 무찌르며 기세를 역전시키게 됩니다. 견훤은 자신의 후계자를 둘러싼 내분에 휘말려 오히려 장남이었던 신검神劍에 의해 금산사에 유폐되었다 탈출해 왕건에게 투항합니다. 또한 신라 마지막 왕 경순왕敬順王, 재위 927~935 김부가 왕건에게 귀순하게 되고, 왕건이 후백제의 새 왕 신검을 물리치면서 이제 후삼국 시대는 막을 내리게 됩니다.

왕건은 전쟁으로 지친 백성들을 위해 세금을 낮추고 흑창黑倉이라는 빈민 구제 기관을 만드는 등 나라를 안정시키는 데 매진합니다. 또한 6두품 출신이었던 최언위 등의 도움을 받아 유교적 통치 체제를 만들어 나가기도 하지요.

왕건의 가장 큰 장점은 주변에 있는 인물들의 의견을 수용할 줄 알고, 자신의 사람으로 만들 줄 아는 리더십이었습니다. 이런 그의 의지와 포용력으로 이제 475년 동안 유지되는 고려 사회가 순조롭게 출발하게 됩니다.

● 927년 경북 팔공산에서 벌어진 공산 전투는 신라의 경애왕이 고려 왕건에게 후백제를 막아 달라고 하면서 시작되었다. 왕건은 이 전투에서 후백제군에게 군사 대부분을 잃을 정도로 패배하였다. 신숭겸은 원래 궁예가 세운 태봉의 장군으로 활동하였으나, 궁예를 내쫓고 왕건을 추대하여 고려 건국에 큰 공을 세웠다.

15
광종, 우리나라 최초로
과거제를 실시하다

○

충남 논산시에 있는 관촉사에는 이른바 '은진미륵'이라고 불리는, 높이 18미터가 넘는 거대 석불이 있습니다. 보물 218호입니다. 몸체에 비해 머리 위의 관冠과 얼굴이 매우 커, 인체 비례가 자연스럽지 못합니다. 만들어진 시기는 고려 4대 왕인 광종 19년, 즉 968년경인데요. 이 시기에 광종은 왕권에 터럭만큼이라도 도전하거나 잠재적 위협 세력이라고 여긴 자는 숙청해 버렸습니다. 이 시기의 불상은 옛 후백제 지역의 민심을 수습하고 왕권을 강화하려는 광종의 의도와, 한편으론 이 지방 호족들의 불교에 대한 적극적인 후원이 빚어낸 문화적 산물로 봅니다. 여기에서는 오늘날까지 평가가 엇갈리는 왕건의 넷째 아들, 대숙청을 감행한 광종光宗, 재위 949~975을 주목해 보려 합니다.

호족 세력을 통합한 왕건과 정반대의 길을 선택하다

고려 태조 왕건은 재위 기간이 25년인데, 그 보다 1년 더 왕위에 있었던 인물이 광종입니다. 왕건의 부인은 29명으로 알려져 있는데요. 그가 많은 연애를 한 것이 아니라, 당시 정략결혼을 통해 지방 호족 세력을 자신의 편으로 끌어들인 것이지요. 그 반대급부로 왕 씨 성을 하사하면서 적극 포섭하였던 것입니다. 그러나 이것은 태조의 사망 이후 곧 왕위 쟁탈전의 빌미가 되기도 했습니다.

이미 2대 혜종惠宗, 재위 943~945 때 왕규의 난*이 일어났으며, 서경 지역의 공신 왕식렴王式廉 등이 자신만의 세력을 확보하고 있을 정도였습니다.

혜종의 형인 왕요, 즉 3대 정종定宗, 재위 946~949 때에도 개경의 호족들이 여전히 왕의 말을 듣지 않는 등 고려 초기는 아직 왕권이 확립되지 못하고 있었지요. 이런 상황에서 25살에 4대 왕으로 즉위한 광종은 무엇보다 공신과 호족 세력의 권력을 누를 필요성을 느낍니다. 그는 즉위하자마자 자신의 연호를 '광덕光德'으로

고려 전기 불교 문화의 지역적 특성이 두드러지는 논산 관촉사 석조 미륵보살 입상(속칭 은진미륵)

---

* 왕규가 자기 외손자를 왕위에 앉히려고 난을 일으켰다가 왕식렴에게 진압되었다.

정합니다. 나중에는 '준풍峻豊'이라는 연호도 사용하는데요. 이는 태조 왕건 때부터 '천수天授'라는 연호를 쓰며 중국과 대등한 황제국임을 선포했던 고려 왕조의 의지를 재천명한 것입니다. 반대로 재통일된 고려에서 느슨한 지방 연합 국가를 꿈꾸며 기존 권력을 유지하려는 호족과 대신들 입장에서는 이제 광종이 어떤 정책을 펼칠지 긴장할 수밖에 없었겠지요.

광종의 노비안검법과 과거제를 통한 왕권 강화

광종은 대표적으로 노비안검법과 과거제 등을 실시하여 왕권 강화에 나섭니다. 먼저 노비안검법은 후삼국 시대에서 고려 건국과 재통일의 과정을 거치며 억울하게 평민에서 노비로 전락한 이들을 찾아내 다시 양민이 되도록 풀어 주는 것입니다. 대부분의 사노비권문세가에서 사적으로 부리던 노비는 곧 공신과 호족의 사유 재산이었습니다. 호족은 이 노비들을 통해 전쟁은 물론 대토지의 경작과 수확 그리고 여러 힘든 일부터 허드렛일까지 시킬 수 있었는데, 이들을 풀어 준다고 하니 엄청난 충격이었겠지요. 자신들의 권력 기반을 흔드는 것이기 때문입니다. 그렇다면 광종에게는 어떤 이득이 있는 것일까요? 양민이 많아지면 곧 국가 재정이 튼튼해집니다. 왜냐하면 양민들은 국가에 조세를 내야 하기 때문이지요. 여기에 노비도 더 이상 재산 취급을 당하지 않으니, 자신들을 풀어 준 왕에 대한 충성심이 높아지겠지요?

한편, 과거제 실시는 단순히 관료를 선발하는 행정적 의미를 내포한 것이 아닙니다. 정치적 의도가 상당히 숨어 있는데요. 기존의 공신과 호족들이 아닌, 왕의 명령을 직접 수행할 수 있는 측근 즉 자기 사람을 공개적으로 뽑을 수 있게 되는 것입니다. 소위 정치적 '물갈이'가 가능한 것이지요. 그런데 그 과정이 의외로 주목할 만합니다. 사실 과거제는 중국 수나라에서 시작하였지요. 당시 우리는 고구려·백제·신라의 삼국 시대로 접어들던 때였습니다. 이후 중국은 수나라에서 당나라로 넘어 갔는데, 과거제는 계속 유지됐습니다. 그러나 신라는 삼국 통일 후 8세기가 돼서야 독서삼품과라고 하여 유교 경전에 통달한 사람을 뽑았습니다. 그러나 이도 엄연히 말해 과거제는 아니었습니다. 후삼국 시기를 거쳐 능력 있는 사람들이 권력을 잡는 것으로 나아갔지만, 여전히 신진 관료를 정기적으로 뽑는 제도가 없었던 것입니다. 그만큼 우리나라에서는 혈연적 신분제가 강하게 적용되고 있었던 것이지요.

고려 왕조의 안정과 대숙청의 갈림길

당나라가 멸망하면서 중국이 5대 10국이라는 혼란의 시기일 때, 고려는 중국의 5대 마지막 왕조 후주後周와 외교 관계를 맺으며 중국 문물을 수용합니다. 후주에서 온 유학자 쌍기雙冀의 건의를 받아들인 광종은 과감하게 과거제를 시행하여 기존 정치권력 관계를 확 바꿔 버리려 합니다. 이에 지금까지 권력을 쥐고 있던 대신 관료들은 자신의 아들을 비롯 후손의 벼슬길이 막히게 되자 크게 흔들릴 수밖에 없었습니다. 내친 김에 광종은 등급에 따라 대신들의 관복을 자紫·단丹·비緋·녹綠으로 달

왕권을 강화하기 위해 광종은 대신들에게 등급에 따라 색깔이 다른 관복을 입도록 했다.

리 입도록 법제화합니다. 이는 왕 못지않게 화려한 옷을 입고 권세를 내세우던 지방 호족들의 기강을 바로 잡고자 한 것입니다.

이제 광종은 거칠 것 없이 왕권 강화를 위한 조치를 가속화합니다. 자신의 명령에 반대하는 이들은 감옥에 가둬 버리거나 아예 숙청해 버렸지요. 심지어 광종 이후 5대 왕인 경종景宗, 재위 975~981 때에 태조의 신하로 살아남은 이가 40여 명뿐이라고 할 정도였습니다. 그래서 광종에 대한 평가는 조선 시대까지 매우 낮았고, 폭군 이미지마저 얻게 되었습니다. 그러나 고려 왕조 입장에서는 이제 왕 중심의 정치가 자리를 잡게 되었으며, 여러 제도를 안착시킬 수 있는 힘을 얻게 된 것이기도 합니다.

16

최승로와 시무 28조,
고려의 기틀을 마련하다

13세기 후반 승려 일연이 지은 『삼국유사』에는 한 아이의 일화가 실려 있습니다. 신라 말 최은함이 결혼한 후 오랜 기간 아이가 없자 중생사라는 절에서 기도를 하여 남자 아이를 얻게 됩니다. 그런데 석 달도 못 되어 후백제의 견훤이 경주를 공격하여 신라 경애왕景哀王, 재위 924~927을 죽이며 쑥대밭으로 만드는 사건이 발생합니다. 이때 최은함은 갓 태어난 아기를 중생사로 데리고 가 관음상 뒤에 감춰 놓고 피합니다. 견훤의 군대에 의해 발견되면 곧 죽임을 당할 수 있는 절체절명의 순간이었지요. 그 후 무려 보름이 지난 후, 최은함이 중생사로 되돌아왔을 때 아기는 오히려 빛이 날 정도로 깨끗하고 건강한 상태였습니다.

경주 중생사에서 목숨을 건진 아기, 최승로

이 이야기는 관음보살이 베푼 자비를 강조하는 예로 『삼국유사』에 남긴 것으로 보입니다. 여하튼, 이 아이는 그 후 총명하게 성장하여 고려 태조 왕건 이후 5명의 왕을 섬기면서 고려의 제도를 정비하고 안착시키는 큰 인물이 됩니다. 바로 성종成宗, 재위 981~997에게 「시무 28조」를 올린 것으로 유명한 최승로崔承老, 927~989입니다. 최승로가 태어났던 신라가 만약 망하지 않았다면 그는 오히려 출세할 수 없었을 것입니다. 왜냐하면 신라에서는 혈연적 신분제도인 골품제가 엄연히 존재했는데, 그의 신분은 6두품으로 관직 진출에 한계가 있었지요. 그러나 새롭게 개창한 고려에서 그는 자신의 능력을 십분 발휘할 수 있었습니다. 이미 12살 때 태조 왕건에게 학문적 재능을 인정받았으며, 당시 유행처럼 6두품 출신이 중국으로 유학을 간 것과 달리 그는 순수 국내파로서 유학에 통달하였습니다.

981년 고려 6대 왕인 성종은 즉위하자마자 중앙 관리 5품 이상자들에게 각각 상소문을 올려 기존 고려의 정치에 대해 옳고 그름을 논할 것을 명합니다. 어수선했던 지난 5대까지의 고려 왕권을 안정시키고, 국가를 재정비하려는 성종의 의도가 엿보이지요. 이제 나이 50대 후반이 된 최승로는 자신이 갈고 닦은 학문적·정치적 식견을 담아 고려 태조부터 5대왕 경종까지 5명의 왕에 대한 논리정연하고 비판적인 평가를 성종에게 올립니다. 그는 선왕들의 잘못된 업적은 경계하고, 긴급하지 않은 일은 없애 버리며 이롭지 않은 노역을 폐지할 것을 과감히 제안합니다. 선왕들에 대한 부정적 평가와 기존 정책을 폐기할 것을 언급한다는 것

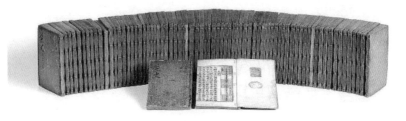

시무 28조항 가운데 22조만이 『고려사』의 「최승로」 전(傳)에 수록되어 있다.

은 그 자체로 불경죄로 처벌받거나 목숨이 위태로울 수 있는 일이었습니다. 그런데 최승로는 여기서 오히려 한발 더 나아갑니다. 바로 우리가 교과서에서 배우는 이른바 「시무時務 28조」를 올린 것이지요.

유교적 통치와 체제 정비를 강조한 시무 28조

「시무 28조」를 한마디로 압축하면 '유교적 통치의 실천'입니다. 좀 더 구체적으로 살펴볼까요? 최승로는 1조에서 국가의 영토 경계를 확정하고 이를 제대로 지킬 것을 건의합니다. 당시 고려는 후삼국 시대를 통일한 후 국가 영역을 재설정한 상황이었지만, 여전히 옛 고구려 땅을 온전히 수복한 것이 아니었습니다. 이는 북쪽에서 거란족이 흥기하는 등 동아시아 정세가 심상치 않았기 때문입니다. 그 다음으로 최승로는 여러 불교 행사에 대한 비판적 시각을 드러냅니다. 번거로운 불교 행사가 국가 재정 낭비와 국력 쇠퇴로 이어질 것을 우려하여, 그는 연등회나 팔관회 등 불교 행사는 대폭 줄이고 승려가 백성을 노역하는 일도 금할 것을 건의하였지요. 반대로 유교적 정치를 강조하였는데요. 불교는 수신修身의 근본일 뿐, 나라를 다스리는 근원은 유교임을 확실히 밝혀 두었습니다. 그리고 지방에 외관, 즉 지방관을 파견하여 올바른 중앙 집권 정치가 실현될 것을 주장했습니다. 또한 삼한공신三韓功臣, 고려 태조 때 후삼국 통일에 공을 세운 사람에게 준 공신호의 자손에 대한 처우를 개선할 것을 건의했는데요. 이는 광종의 일방적 왕권 강화와 그로 인해 불어 닥쳤던 공신 및 그 자손의 대대적 숙청의 후유증을 막으려는 의도였습니다. 최승로는 공신을 우대해야 한다고 본 것이지요.

성종의 전폭적 지지로 고려 체제를 확립한 최승로

한편, 독특한 주장도 있는데, 9조가 그렇습니다. 최승로는 왕과 대신들의 조회朝會, 임금에게 문안드리고 정사를 아뢰던 일에서 중국과 신라의 제도에 의거하여 복식을 갖출 것을 주장합니다. 그러나 11조에서는 중국 문물을 우리나라의 현실에 맞게 받아들여야 한다고 말합니다. 즉, 최승로는 우리 나름의 독자적인 전통을 이어갈 수 있을 만큼만 중국 문물을 받아들여야 한다고 주장한 것으로 보입니다. 신라 출신인 최승로는 신라의 전통을 계승하고, 더 나아가 중국의 선진 문물이더라도 고려의 풍토에 맞아야 한다는 것을 강조한 것이지요.

사실 이와 비슷한 개혁안은 이미 신라 말기에 최치원이 진성여왕에게 건의한 시무 10여조(현재 전해지지 않아 확실한 것은 알 수 없음)라고 하여 올린 적이 있었습니다. 만약 그러한 개혁안을 신라 왕조가 수용하고 발전시켰다면 최승로의 「시무 28조」는 빛을 보지 못했을지 모릅니다. 그러나 최치원의 개혁안은 좌초되고 신라는 멸망의 길을 간 반면, 고려 왕조는 유학자 최승로의 「시무 28조」를 적극적으로 수용하여 국가 체제를 확립해 나아갑니다. 최승로도 988년에 당대 최고 관직인 종1품 문하수시중에 임명될 정도였습니다. 고려의 제도 정비에 고심한 최승로의 개혁안을 성종이 알아본 것이지요. 기존 불교 신앙에 유교적 통치 체제로 의례를 마련해 나간 고려는 이제 안정적 발전의 틀을 마련하게 되었습니다.

17

서희, 역발상으로
국가를 지키다

○

10세기 말부터 고려는 동아시아의 급변하는 정세에 휘말리며 14세기까지 계속된 외침에 대응해야만 했습니다. 거란족의 요나라, 여진족의 금나라, 몽골족의 원나라 등이 세력을 확대하면서 고려는 여러 방비책을 세워야 했지요. 먼저 고려를 겨눈 나라는 요나라입니다. 마침 고려에서는 최고의 지략가이자 역발상으로 나라를 지킨 인물이 등장합니다. 경기도 여주 출신의 서희徐熙, 942~998 장군. 그는 당황하지 않고 상황을 주시하여 극복의 혜안을 마련합니다.

고려 최고의 지략가 서희를 만나러 가는 길

여러분 중에는 벌써 고개를 갸우뚱하는 사람이 있을 겁니다. 서희 장군? 외교가라면 문신 아닌가 하고 말이지요. 네, 맞습니다. 서희는 분명 문신입니다. 우리나라 최초로 과거제를 시행한 광종 때 서희도 과거 급제하였거든요. 그리고 고려 전기 중에서도 가장 안정되었던 성종成宗, 재위 981~997 때의 정치가입니다. 그럼 왜 알림판에는 "서희 장군 묘"라고 되어 있을까요? 추측건대 그가 거란을 물리친 역사적 사건과 그 이미지 때문에 '장군'이라고 한 것 같아요. 사실 서희는 고려 최고 관직 중 하나인 정1품 '태보太保'까지 올라갑니다. 고려 시대 무인이 정3품 상장군上將軍까지 올라갈 수밖에 없었으니 당연히 그는 문신입니다. 더구나 그는 칼이 아니라 세 치의 혀, 즉 뛰어난 언변과 외교술로 거란을 물리치고 고려의 영토를 늘리는 일에 결정적 역할을 하게 됩니다. 과연 그는 어떤 외교 전술로 이러한 성과를 올렸던 걸까요?

먼저 10세기 우리나라를 포함하여 동아시아의 역사를 살펴볼 필요가 있습니다. 당시 중국은 당나라가 멸망하고 5대 10국이라는 혼란의 시기를 거쳐 한족이 송나라를 세운 지 얼마 되지 않았습니다. 앞에서 이

야기했듯이 한반도에서는 후삼국의 혼란기를 지나 고려가 수립된 상황이었고요. 그런데 이와 동시에 북방 유목 민족도 성장할 때였습니다. 이미 송나라보다 먼저 거란족의 요나라가 만리장성 이남까지 영역을 확보한 상황이었고, 만주와 한반도 북부까지 이 요나라가 압박을 가하고 있었어요. 또한 동북쪽으로는 여진족이 성장하고 있었습니다.

993년 거란족의 요나라는 고려가 송나라와 교류하며 자신들을 고립시키는 것에 불만을 품고 장수 소손녕과 그를 따르는 80만 대군을 보내 침공에 나섭니다. 그런데 잘 안 알려진 사실이지만, 이 송나라와의 교류를 튼 것도 사실 서희의 공적 중 하나였습니다. 어쨌든 요나라의 침공과 그 병력에 놀란 고려 조정은 대책 회의를 열고 어떻게 막을 것인지 갑론을박하게 됩니다.

혈혈단신으로 거란의 진영을 찾아간 서희

당시 고려의 의견은 크게 두 가지로 나눠집니다. 왕이 직접 나가 항복하는 것과 서경 북쪽의 땅을 거란에게 주어 달래자는 의견입니다. 둘다 고려 입장에서는 굴욕적일 수밖에 없는 방안이었지요. 당시 왕이었던 성종은 서경 이북의 땅을 떼어 주자는 다수의 의견에 따르려 했지요. 이때 서희가 나서서 새로운 제안을 합니다. 먼저 한번이라도 싸워 본 다음에 정하자는 것이었지요. 마침 그의 말처럼 안융진 전투에서 고려가 작은 승리를 거두자 요나라도 내심 마음이 급해집니다. 그러나 이를 숨기고 고려의 항복을 독촉하는데, 서희가 곧 그 속내를 간파한 것입니다.

이인영이 1976년에 그린 「기록화: 안융진 담판하는 서희」

결국 그는 성종에게 단순히 요의 군대가 대군이라는 것에 먼저 겁먹을
필요는 없으며, 당시 신흥 세력인 여진족을 치기 위해 요에게 함께 연합
하자는 역 제안을 하면 분명 전쟁을 막을 수 있다고 주장합니다. 곧 서희
는 성종의 국서를 지니고 요나라 소손녕의 장막으로 들어가 직접 담판
에 나섭니다.

서희의 뛰어난 외교술과 설득 당한 거란

전쟁과 협상의 목적은 동일하게도 최대한의 이익을 남기는 것입니
다. 그래서 협상에서도 전쟁만큼 기선 제압이 중요합니다. 소손녕은 서

경기도 여주시에 있는 서희 장군의 묘

희와의 첫 만남에서부터 큰 절을 할 것을 요구합니다. 그러나 서희는 이를 완강하게 거부하지요. 신하가 왕에게 절하는 것은 당연지사이지만 양국의 대신이 만나는 자리에 절하는 것은 옳지 않다는 논리적 비판이었지요. 소손녕은 기선 제압에 실패하였지만 본 협상에서는 나름의 논리로 고려를 압박합니다. 고려는 신라 땅에서 일어났으며, 따라서 옛 고구려 땅은 당연히 요나라의 소유라는 것입니다. 또한 자신들이 아닌 한족의 송나라와 교류 관계를 지속하는 것에 불만을 드러내면서, 고려가 요나라에 땅을 바칠 것과 요나라와 국교를 맺을 것을 강요하였지요.

서희는 곧 반박에 나섭니다. 우리는 당연히 고구려의 후예이므로 나라 이름을 고려라 하였으며, 따라서 옛 고구려 수도인 평양에 도읍을 정했다고 말이지요. 고려의 수도는 개경이었는데 북진 정책의 의지로 서경, 즉 평양을 중시한 것을 강하게 언급한 것입니다. 또한 압록강 부근도 원래 고려의 땅인데 여진족이 점령하고 있어 어쩔 수 없이 송나라와 교류한다고 변론을 했지요. 따라서 요나라와 고려가 연합하여 남북으로 여진을 공격한 후 교류하자는 제안을 내놓습니다. 결국 소손녕은 서희의 논리적 비판과 당시 국제 정세를 파악한 제안에 설득 당해 이를 수용하고 철군하게 됩니다.

고려는 다음 해인 994년에 여진을 물리치고 홍화진의주부터 용주, 통주, 철주, 귀주, 곽주 등 이른바 '강동 6주'를 개척하게 됩니다. 상대의 의중을 꿰뚫고 위기를 기회로 만든 서희, 그의 뛰어난 외교력은 우리 역사상 대표적인 실리 외교의 성과로 평가받고 있습니다.

18

묘청의 난, 서경 천도 운동에서 반란으로 몰락하다

○

항일 독립운동가이자 역사가였던 신채호가 1924년 10월 13일부터 1925년 3월 16일까지 「동아일보」에 6편의 글을 게재합니다. 그 중 오늘날까지도 가장 회자되는 글은 「조선 역사상 일천 년래 제일 대사건朝鮮歷史上一天年來第一大事件」입니다. 제목 자체도 매우 흥미로운데, 내용은 다음과 같습니다.

"묘청이 패하고 김부식 등이 승리하였으므로 조선사가 사대적·보수적·속박적 사상 즉 유교 사상에 정복되고 말았거니와 만일 이와 반대로 김부식 등이 패하고 묘청이 승리하였더라면 조선사가 독립적·진취적 방향으로 진전하였을 것이니, 이 어찌 조선 역사상 일천 년래 제일 큰 사건이라 하지 아니하랴."

조선 역사상 일천 년래 제일 대사건

묘청은 1135년 반란을 일으킨 주동자이자 서경 천도 운동을 추진한 자주적 정치가라는 상반된 평가를 받는 인물입니다. 또한 이자겸의 난과 더불어 고려 문벌 귀족 사회의 내부 갈등이 터진 것이며, 그 체제가 흔들린 사건으로 평가받기도 합니다.

12세기 초는 국제 정세도 급변하던 시기입니다. 밖으로는 북송이 신흥 강자로 떠오른 금여진족과 연합하여 요거란족을 물리치지만 곧 금의 공격으로 무너지고, 양쯔 강 이남으로 내려가 남송을 건국하던 시기입니다. 이런 상황에서 고려는 발 빠른 선택을 하지 않으면 위험할 만큼 내몰리고 있었지요. 한때 고려는 숙종肅宗, 재위 1095~1105 때에 윤관이 만든 별무반군대을 통해 여진족을 축출한 적도 있었습니다. 그런 고려가 기존 송과의 외교 관계를 끊고 금과 사대 관계를 받아들일 것인가 하는 외교적 선택, 그리고 점차 커져 가는 문벌 귀족 세력에 대해 왕권을 어떻게 유지할 것인가 하는 고민 등 고려의 대내·외적 상황은 급변하고 있었습니다.

당시 왕은 인종仁宗, 재위 1122~1146으로, 그는 외할아버지이자 장인이었던 당대 최고의 문벌 귀족 이자겸에 의해 왕위에 오르게 됩니다. 그러나 그는 곧 어린 나이임에도 불구하고 자신보다 훨씬 큰 세력을 형성한 이자겸에 대해 과감하게 선을 긋고 왕권 강화에 나섭니다. 이를 알아차린 이자겸은 난을 일으켰지만, 자신을 따르던 무신 척준경과의 사이가 벌어져 결국 실패하고 맙니다. 한편, 인종이 왕위에 오른 지 3년 만에 금은 고려에 책봉-조공 관계를 원하였는데, 당시 고려 내부의 개경파 문벌 귀족 세력인 김부식과 이자겸 등이 나서서 이를 적극 수용할 것을 주장합니다. 결국 고려는 1125년에 금과 형제 관계를 맺고, 1126년에 군신 관계마저 체결합니다. 중국 한족의 송나라가 무참히 무너지고 황제는 포로로 잡힌 상황에서 고려와 개경파 문벌 귀족 세력들은 금과 군신 관계를 맺는 것이 오히려 국가 안위를 지킬 수 있는 실용적 외교 노선이라고 여긴 것이지요.

여진족의 금과 군신 관계를 수용한 고려

이렇게 고려는 안으로 이자겸의 난과 밖으로 금에 대한 군신 관계를 수용하면서 어수선했습니다. 이에 당연히 볼멘소리가 나올 수밖에 없었지요. 떨어진 왕권을 수습해야 하는 인종 입장에서는 대안 세력으로 당시 기존 문벌 세력과 다른 소리를 내는 이들에 주목하게 됩니다. 바로 정지상, 묘청 등 서경파 문벌 귀족 세력이었습니다.●

고려 태조 왕건의 「훈요 10조942년 고려 태조가 자손들을 위해 남긴 10가지 유훈」에 남아 있듯이, 서경은 고구려의 옛 땅을 되찾기 위한 북진 정책의 상징성을 지닌 곳입니다. 또한 고려 건국부터 지방 호족 세력이 엄존한 곳이기도 하지요. 따라서 인종 입장에서는 다른 지역보다 자주적이며 전통적 사상을 더 강하게 띠고 있는 서경파를 기존 세력의 대안으로 삼기에 충

● 서경파는 고려 지배층 중에서 풍수지리설을 내세워 서경 천도를 주장하고 금 정벌을 주장하였다. 개경파는 고려 지배층 중에서 유교 이념에 충실하고 이를 바탕으로 사회 질서 확립을 주장하면서 한편으로 서경 천도에 반대하였다.

분하였습니다. 김부식과 어깨를 겨룰 정도로 당대 최고의 문장가이자 서경 출신 관료인 정지상은 인종에게 풍수지리설과 천문학에 능통한 승려 묘청과 백수한 등을 천거합니다.

묘청은 인종에게 고려 수도인 개경은 이미 지력을 다했고, 이자겸의 난으로 궁궐마저 불타 버렸으므로 왕의 기운이 서려있는 서경으로 도읍을 옮길 것을 강하게 주장합니다. 여기에 서경이 새 수도가 되면 음양가들이 말하는 대화세大花勢, 최고 명당로, 금나라가 고려에 항복을 하는 것은 물론 주변 36국이 모두 고려의 신하가 될 것이라고까지 말하지요. 당연히 개경파 김부식은 말도 안 되는 소리라고 반발하고 나섰지만, 인종은 매우 적극적으로 귀 기울이게 됩니다.●

칭제 건원과 금 정벌을 내세운 묘청

이제 인종의 명으로 새 궁궐대화궁이 착공됩니다. 묘청은 곧 인종에게 황제라 칭하고 독자적 연호를 사용하며칭제 건원론, 稱帝建元論 금나라를 정벌할 것을 주장합니다. 그러자 김부식 등 개경파가 반발하는데, 여기서 인종이 잠시 흔들립니다. 이자겸의 난이 끝난 지 얼마 되지도 않았고, 칭

● 이자겸은 고려 중기의 문벌 귀족이자 외척으로 자신의 딸을 예종, 인종과 연이어 혼인시켜 정치 권력을 장악하였다. 김부식은 유학자이며 정치가이자 역사가이다. 그는 개경파로서 금에 사대할 것을 주장하였으며 묘청의 난을 진압하였다. 정지상은 문인이자 서경파로, 개경파인 김부식과 대립하였다. 그는 뛰어난 시인으로도 활동하였는데, 묘청의 난 당시 김부식의 군에 의해 개경에서 참살되었다. 묘청은 승려로 풍수지리에 능했으며, 금과의 사대 관계를 반대하고 금을 정벌할 것을 주장하면서 서경 천도를 처음으로 주장하였다.

제 건원과 금 정벌이 쉽지 않다는 것을 인종도 잘 알고 있었기 때문이지요. 양쪽의 팽팽한 대립 속에서 시간만 흐르자 묘청은 급한 마음에 무리수를 두게 됩니다. 바로 인종이 서경으로 행차할 때를 맞춰 대동강에 기름 바른 큰 떡을 던져 넣은 것이지요. 그리고 그 기름이 햇빛에 반짝일 때 신용의 상서로운 기운이 올라온 것이라며 인종을 설득해 나갑니다. 그러나 이는 오히려 인종의 의혹을 사게 됩니다. 결국 인종은 측근을 통해 대동강에서 기름 바른 떡을 발견하고, 묘청의 주장이 거짓임을 알게 됩니다. 궁지에 몰린 묘청은 1135년에 서경에서 국호를 대위大爲, 연호를 천개天開라 하고 개경으로 진격하는 반란을 먼저 일으킵니다.

　이 소식을 들은 인종은 개경파 문벌 귀족 세력인 김부식을 총사령

『고려인종대왕 시책』은 고려 17대 왕 인종의 시호와 생전의 업적 등을 새긴 시책이다. 인종의 무덤에서 출토된 것으로, 묘청의 난을 진압한 일이 서술되어 있다.

관으로 삼아 군사를 보내 묘청의 군대를 포위하고, 1년 만에 진압합니다. 이로써 10년간 이어진 묘청의 서경 천도 운동은 실패하게 되고, 오히려 고려 왕조는 김부식 등 개경파 문벌 귀족 세력만의 독점적 지배 체제가 굳어지게 되지요. 그리고 35년 뒤, 문벌 귀족 세력을 꺾은 건 상대적으로 차별당하고 있던 무신들이었습니다.

19

한국사에 유례가 없었던
4대 60년간의 최 씨 무신 정권

한강과 서해가 만나는 강화도. 이곳은 한때 몽골의 침략에 맞선 고려의 수도이기도 했습니다. 또한 유배지로서 왕부터 관료들까지 죄인이 스쳐 가던 곳이기도 했지요. 여기에서는 고려의 천재라고 불렸던 문신 이규보李奎報, 1168~1241의 사당과 고려 21대 왕 희종熙宗, 재위 1204~1211의 능인 석릉을 주목해 보았습니다. 이규보와 희종, 이 둘은 공통점을 가지고 있습니다. 그것은 최 씨 무신 정권을 수립한 최충헌과 연결되어 있다는 것이지요. 단, 둘의 운명은 명백히 엇갈렸습니다. 최충헌에 의해 등용된 이규보는 최 씨 무신 집권기에 문신으로 출세한 반면, 희종은 최충헌을 축출하려다 실패하여 도리어 강화도로 유폐되었다 결국 그곳에서 생을 마치게 됩니다.

문신의 관을 쓴 이는 씨를 남기지 마라, 무신 정변의 시작

묘청의 서경 천도 운동이 실패한 12세기 중반 이후, 개경파를 중심으로 하는 문벌 귀족 세력의 권력은 정점에 다다릅니다. 그리곤 곧 추락하게 되지요. 그 계기가 바로 1170년 의종毅宗, 재위 1146~1170 때에 발생한 무신 정변입니다. 앞서 설명했듯이 당시 문신과 무신 간의 대우는 매우 차별적이었습니다. 의종과 문신 중 일부는 사치와 향락에 빠져 지냈으며, 무신들은 이에 불만을 품게 됩니다. 결국 의종과 문신들이 보현원에 행차하던 날, 정중부와 이의방 등을 중심으로 한 정변이 발생하고 수많은 문신이 죽임을 당합니다. 그리고 의종은 아예 쫓겨나고 명종明宗, 재위 1170~1197이 즉위하게 되지요. 그 후 무인 내부에서도 권력 다툼이 심해

최 씨 무신 집권기에 문신으로 출세한 이규보의 묘와 사당

지면서 이의방, 정중부, 경대승, 이의민 등 순으로 권력을 독점하는 현상이 나타납니다. 한편 이에 대한 반발로 서경 유수 조위총의 난자비령 이북의 40여 개 성과 합세하여 군대를 일으켰으나 패하여 참형을 당함을 비롯하여 민중의 봉기라 할 수 있는 김사미·효심의 난 등이 일어나며 고려 사회는 극도의 혼돈기로 빠져들게 됩니다.

역설적이게도 이 문제를 공개적으로 제기하며 개혁을 외친 건 또 다른 무인, 최충헌崔忠獻, 1149~1219이었습니다. 결론부터 말하면 이로써 전대미문의 최 씨가 4대째 60여 년간 집권을 이뤄 내게 되지요. 무인 집안 출신이지만 말단 문서 행정직으로 벼슬을 시작한 최충헌은 힘에 의한 정치의 강점만큼 약점도 잘 알고 있었습니다. 권력을 유지할 시스템, 즉 행정적 능력을 갖춘 문신 관료가 필요할 수밖에 없다는 점을 이해하고 있었던 거지요. 또한 본인이 조위총의 난 때 일시적으로 공을 세웠지만, 여전히 천민 출신의 권력자 이의민의 그늘에 가려 20년 동안 출세의 끈을 잡지 못한 점이 오히려 권력에 대한 욕망을 키우는 계기가 되었습니다.

고려의 왕을 4명이나 마음대로 옹립한 최충헌

1196년, 나이 오십을 바라보던 최충헌은 마침내 자신의 세력을 규합하여 이의민을 제거하는 데 성공합니다. 이의민의 아들이 최충헌 동생의 비둘기를 강탈해 간 일을 계기로 최충헌이 들고 일어나 집권한 것입니다. 그는 자신의 정치적 명분을 세우기 위해 이른바「봉사封事 10조」

최충헌을 축출하려다 실패하여 강화도로 유폐된 고려 21대 왕 희종의 능

라는 개혁안을 올립니다. 대토지 사유 금지·고리대업 금지 등을 주요 골자로 하는 내용이었지만, 실제 이를 적극 실천하지는 않았지요. 오히려 그는 명종을 폐위시키고 신종神宗, 재위 1197~1204을 옹립하여 왕권을 좌지우지할 정도였습니다. 또한 자신과 함께 거사를 일으켰던 동생마저도 제거해 버립니다. 권좌는 단 하나뿐이라는 것을 냉혹하게 실천한 것입니다. 이와 함께 이규보 등의 문신을 등용하여 자신의 부족함을 메우려고 하였습니다.

　1201년에 최충헌은 '추밀원사 이병부상서 어사대부枢密院使吏兵部尚書御史大夫'라는 긴 이름의 벼슬, 즉 최고 자리를 공식적으로 차지합니다. 그리고 왕권을 무력화시킬 정도의 실질적 권력을 행사합니다. 마치 당대 일본의 무인 미나모토[源] 가문이 세운 가마쿠라[鎌倉] 막부가 조정을 유명무실하게 만들고 실질적인 권력을 행사하는 것과 유사한 형태였습니다.

이후 17년 동안 권력을 휘두른 최충헌은 명종부터 신종, 희종, 그리고 강종康宗, 재위 1211~1213까지 4명의 왕을 마음대로 옹립하며 정권을 차지합니다.

왕후장상의 씨가 따로 있냐고 목 놓아 외친 만적

최충헌의 장기 집권으로 고려 사회는 얼핏 안정되는 것처럼 보였지만 사실 최 씨 정권의 독재가 횡행하였습니다. 그 스스로도 봉사 10조를 무시하며 대토지를 차지하고, 노비를 마음대로 부렸습니다. 사병 조직으로 충성을 바치는 도방을 운영하였고, 권력을 유지하기 위해 교정도감敎定都監, 관리 임면과 감찰 업무를 맡아 보는 최고 권력 기관을 설치하며 국가 중요 정책을 결정하고 집행하였지요. 그는 각지에서 일어나는 농민 봉기도 잔인하게 진압하였는데, 한번은 그가 부리던 노비 만적萬積이 공·사 노비를 모아 천인賤人의 호적을 불살라 버리려 하였습니다. 만적은 "어찌 왕후장상의 씨가 따로 있느냐"며 신분 해방 운동으로 나아가려 했으나, 최충헌에 의해 실패하고 맙니다.

최충헌의 뒤를 이은 것은 아들 최우였습니다. 그는 아버지보다 더욱 노골적으로 자신의 집에 정방을 설치하고, 모든 관리의 인사권을 장악해 나갈 정도였습니다. 이렇게 최 씨 가문이 권력 유지에 몰두하고 있던 사이, 당시 동아시아의 정세를 뒤흔들던 몽골이 고려를 침공합니다. 이후 최 씨 정권은 강화도로 천도하여 항전을 합니다. 그러나 최 씨 정권은 자신의 권력 유지에만 몰두하고, 육지에 남겨진 백성을 외면합니다. 결국 4대째인 최의가 무장 김준에 의해 살해당하면서 최 씨 무신 정권은 무너지게 됩니다. 그리고 얼마 못 가 무신 정권 자체가 무너지게 되고, 고려 왕조가 개경 환도를 결정하면서 정확하게 100년을 버텨 온 무인 정권 또한 막을 내리게 됩니다.

20
김윤후, 몽골 침략에
온몸으로 맞서다

○

1231년, 유라시아 세계를 전쟁의 공포로 몰아넣었던 몽골이 드디어 고려마저 침략합니다. 무려 40년에 걸친 전쟁의 시작이었지요. 그 결과 고려는 비록 몽골과 강화講和, 싸움을 그치고 평화로운 상태를 맺고 국토는 황폐해졌으나, 세계사적으로 몽골에 대항하여 40년이나 버틴 항전의 역사를 남기기도 하였습니다. 그렇다면 고려의 힘은 어디서부터 나온 것일까요? 저는 그 해답을 얻기 위해 경기도 용인시 남사면 아곡리에 있는 처인성지를 먼저 찾아가 보았습니다.

생몰년도 알 수 없는 신비스러운 승려 김윤후

처인성은 고려 시대 야트막한 토성으로서 현재 약 250미터 정도가 남아 있습니다. 1232년 이곳에는 몽골의 2차 침략을 피해 많은 백성이 모여 있었습니다. 당시 고려의 수도 개경을 지나 수원 쪽으로 진격하던 몽골 장군 살리타와 몽골군은 이를 알고 즉각 포위한 후 공격을 감행하였습니다. 한마디로 민간인을 무자비하게 공격한 것이지요. 그런데 이때 놀라운 일이 벌어집니다. 『고려사』의 기록에 따르면, 이곳에 피신하고 있던 승려 김윤후가 활을 쏘아 적장 살리타를 죽였다는 것입니다. 장수를 잃은 몽골군은 철수하게 되고, 2차 몽골의 침략은 일단락됩니다.

이 사실을 알게 된 고려 고종高宗, 재위 1213~1259은 승려 김윤후에게 무

경기도 용인시 남사면 아곡리에 있는 처인성지

신으로서 최고의 벼슬인 상장군上將軍 자리를 직접 내립니다. 이것이 바로 오늘날 교과서에서도 찾아볼 수 있는 처인성 전투입니다. 실제 답사를 해 보니 성城이라고 하지만 낮은 언덕 정도인데, 의외로 사방이 탁 트여서 적군이 어디에서 공략하는지 쉽게 파악할 수 있는 곳이기도 하였습니다. 흥미로운 사실은 『고려사』의 그 다음 서술입니다.

"나는 전투할 때 활과 화살을 가지고 있지 않았는데, 어찌 함부로 상을 받겠는가?"

생몰년도 묘연한 승려 김윤후는 오히려 자신에게 내려진 상장군을 사양합니다. 여기서 흥미로운 점은 지금까지 고등학교 교과서에도 서술된 부분, 즉 김윤후가 살리타를 사살했다는 사실을 본인 스스로 부인하고 있다는 겁니다. 그렇다면 우리는 잘못된 역사적 사실을 가르치고 배운 걸까요?

우리 역사 속에서 확인되는 승병장의 전통

늘 그렇듯 타임머신이 없기에 정확하게 과거를 확인할 수 없지만 아마도 두 가지로 추정할 수 있습니다. 하나는 이 작은 처인토성에서 치열한 공방전이 벌어지다 정말로 김윤후가 아닌 다른 누군가의 화살에 살리타가 맞았거나 아니면 실제 김윤후가 사살했지만 굳이 이 사실을 드러내고 싶지 않았던 것이지요. 저는 개인적으로 후자가 아닐까 싶습니다. 그는 승려답게 자신을 내세우지 않은 것이 아닐까요? 또한 여러분도 얼핏 알고 있는 우리나라 '승군僧軍, 승려들로 조직된 군대' 또는 '승병

지석철이 그린 「기록화: 처인성 전투」

장僧兵長, 승군의 우두머리'에 대해서 생각이 날 거예요. 임진왜란에서 활약한
사명대사나 서산대사 등에서 볼 수 있듯이 나라를 구하기 위해 분연히
일어난 승려 사이의 전통이 이미 고려 시대부터 있었던 것을요. 특히
김윤후는 처인성 전투에서만 활약한 것이 아니어서 더욱 주목할 필요
가 있습니다.

처인성 전투가 있은 지 정확하게 21년이 지나고 나서도 변함없이
김윤후는 끈질기게 침략해 오는 몽골에 맞서 대몽항전을 이끌며 빛나는
승리를 얻어 냅니다.

노비문서 불살라 사기를 북돋은 지장 김윤후

1253년에 몽골의 5차 침략에서 몽골군은 삼남으로 내려가는 전략적 요충지인 충주산성을 포위하고 대규모 공격에 나섭니다. 당시 이 성을 지키고 있던 이는 바로 김윤후입니다. 여러분 중에는 당연히 이때에도 김윤후가 곧 승리할 것이라 지레짐작하는 사람도 있겠지만, 오히려 정반대 상황이었지요. 이유가 있었습니다. 1231년에 처음으로 몽골이 침략하여 이곳 충주성에 도달한 적이 있었습니다.

그때 지배층은 도망가기 바빴고, 정작 충주산성을 지킨 것은 노비로 구성된 군사들과 이곳에 살고 있던 힘없는 백성들이었지요. 그런데 노비 군사와 백성 등이 겨우 성을 막아 낸 후에야 되돌아온 지배층은 적반하장 격으로 백성을 몰아갔습니다. 즉, 관청의 은으로 된 그릇이 없어졌다며 성을 지킨 이들에게 죄로 물어 벌을 주려 했습니다. 억울한 백성들은 궁지에 몰리다 반란을 일으키지요. 지배층은 처음에 이들을 잘 타일러 수습하는 듯했지만, 결국 무력으로 진압합니다. 이후 이를 기억하는 충주산성 백성들은 몽골이 다시 침략해 오자 선뜻 나서서 막으려 하지 않았습니다.

몽골에게 포위당한 지 70여 일이 지나고 식량마저 바닥난 절망적 상황에서 김윤후는 성안의 사람들을 하나로 모으는 지혜를 발휘합니다. 그는 사람들에게 적을 물리치면 귀천을 불문하고 모두 관작을 나눠 줄 것이니 자신을 믿으라고 설득합니다. 그러고선 관청에 보관되어 있던 노비 문서를 불사르고 노획한 말 등을 사람들에게 나누어 줍니다. 언행 일치를 보여준 것이지요. 곧 용기를 얻은 성안의 백성들은 힘을 합쳐 몽골과 싸워 나갔고, 마침내 몽골군을 물리치게 됩니다. 이후 고려 조정은 김윤후뿐만 아니라 관노와 백정에 이르기까지 관작을 내려 줍니다. 약속을 지킨 것이지요. 나중에 김윤후는 벼슬직에 얼마 안 있다 곧 사직하고 홀연히 사라집니다.

몽골과 기나긴 전쟁에서 굴하지 않고 버틸 수 있었던 원동력, 그것은 바로 김윤후처럼 자신의 명예와 부를 위해서가 아니라 국가와 백성을 위해 자신을 던진 이들이라고 볼 수 있습니다.

21

이제현, 충선왕을 따라
중국 유람한 유학자

○

고려가 몽골과 장기간 항쟁을 지속하던 1258년. 무신 김준金俊에 의해 최의崔竩가 피살되면서 60년간 이어지던 고려 최 씨 무신 정권이 막을 내립니다. 1259년에는 훗날 원종元宗, 1259~1274이 되는 태자가 강화를 맺기 위해 몽골로 가게 됩니다. 이때 그는 몽골 제국에서 왕위 계승 다툼을 벌이던 쿠빌라이 칸Khubilai khan, 1215~1294을 만나게 됩니다. 쿠빌라이 칸은 그를 환대했으며, 이는 훗날 1270년 고려 왕실의 개경 환도 결정 이후에도 그나마 고려가 독립국으로서 지위를 유지할 수 있었던 하나의 계기가 됩니다.

원의 내정간섭과 '충'자 돌림 왕

그러나 고려는 온전히 자주국으로서 존재할 수 없었습니다. 원은 고려의 내정에 심각하게 간섭했으며, 특산물은 물론 고려의 처녀까지도 공물로 요구하였습니다. 원종은 이를 굴욕적으로 수용해 결혼도감結婚都監, 중국 원나라에서 요구하는 여자들을 뽑았던 관아을 설치하는데, 당시 백성들의 원성이 자자했다고 합니다. 왕실의 호칭도 부마국駙馬國, 사위의 나라의 지위에 맞춰 낮아졌고, 충렬왕忠烈王, 재위 1274~1308부터 충정왕忠定王, 재위 1349~1351까지 시호諡號에 '충'자가 붙게 됩니다.

한편, 원 간섭기에 사상적으로는 성리학이 도입되면서 유학의 학풍이 변화하고 신진 사대부 층이 형성됩니다. 성리학은 원래 남송 시대에 주자朱子가 집대성했는데, 이것이 원을 통해 고려 후기 충렬왕 때 문신 안향安珦에 의해 우리나라에 소개됩니다. 흥미롭게도 당시 고려의 성리학자 중에는 아예 원나라 수도인 베이징으로 건너가 그곳 문인들과 교류를 맺고 당대 최고의 학문을 논하던 학자도 있었습니다. 그가 바로 익재 이제현입니다.●

● 성리학은 중국 남송 시대에 주희(주자)가 집대성한 유학의 일종으로, 우주의 보편 원리와 인간 본성에 대한 이론적 탐구와 수양을 강조하였다. 신진 사대부는 고려 말 향리 자제들로 성리학을 수용하고 과거를 통해 중앙 정계로 진출하였는데, 친원파인 권문세족과 정치적으로 대립하였으며 불교를 비판하였다.

조맹부와 학문을 논한 이제현

여러분은 성리학과 그 학자들이라면 조선과 퇴계 이황, 율곡 이이 등을 언뜻 떠올리겠지만, 이미 고려 후기 성리학이 수용되던 시기부터 이제현과 같은 학자들로 인해 성리학은 크게 발전하게 됩니다. 이제현은 이미 15살에 과거에 장원급제했는데, 단지 하찮은 재주일 뿐이라며 만족하지 않고 학문 탐구에 매진합니다. 또한 충렬왕 때부터 공민왕恭愍王, 재위 1351~1374 때까지 관직에 나아가 국가를 위해 일하며 최고 관직인 문하시중에 올랐다 홀연히 사라집니다. 제자로는 목은 이색李穡이 있는

원나라에서 충선왕을 모시던 성리학자 이제현 초상

데, 그는 성균관에서 성리학을 가르치고 권문세족에 맞서 개혁적인 성향으로 정몽주 등의 신진 사대부를 이끈 인물이기도 하지요.

이제현은 충선왕 때 원의 수도 베이징부터 심지어 티베트까지 유람 아닌 유람을 하게 됩니다. 이로 인해 동아시아적 교류를 이루어 내게 되는데요. 그것은 당시 왕이었던 충선왕忠宣王, 재위 1298, 1308~1313의 독특한 출신 때문이었습니다. 충선왕의 어머니는 쿠빌라이 칸의 딸이기도 해서 그는 오늘날로 치면 다문화 가정에서 태어난 왕인 것이지요. 몽

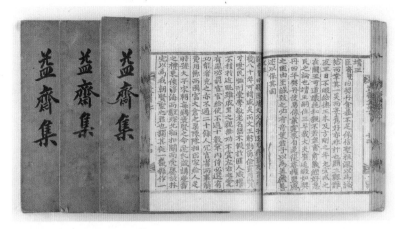

이제현의 『익재집』은 그의 시문을 모은 「익재난고」와 문학론을 담은 「역옹패설」 그리고 습유로 구성
되었다. 고려 때에 간행된 초간본은 전하지 않는다.

골 제국을 다스리는 칸의 조카이자 고려의 왕. 그는 외가에 자주 가기도 했
으며, 몽골 내부의 치열한 왕위 다툼과 모략에 휘말려 저 멀리 티베트까지
3년간 귀양살이를 하기도 했습니다.

　　이때 충선왕을 위해 중국을 오간 신하가 이제현입니다. 그는 왕을
따라 중국 강남 일대를 유람했으며, 원에 체류할 때에는 충선왕이 직접
만든 '만권당'이라는 사택에서 원나라의 문인들과 교류하게 됩니다. 특
히 당대 최고의 문인이라 일컬어지던 조맹부를 만납니다. 조맹부는 한
족 출신의 사대부로 시詩·서書·화畵에 능숙했는데, 그가 개발한 서체인
'송설체'는 매우 유명했습니다. 이 서체가 고려에 전해지게 된 계기는
당연히 이제현과의 만남 때문이었지요. 물론 충선왕 입장에서도 원의
최고 학자들과 어깨를 겨눌 만한 인물은 이제현밖에 없다고 생각한 것
도 크게 작용하였습니다.

왕을 찾아 떠난 1만 5000리 길

그 후 1320년에 충선왕이 모함으로 티베트에 유배되자 이제현은 상소를 올려 무고함을 호소하였습니다. 자신이 직접 왕을 알현하기 위해 1만 5000리나 떨어진 당시 토번국티베트까지 찾아가게 되지요. 물론 이제현이 충선왕에게만 충성을 바친 것은 아닙니다. 고려의 안위가 흔들릴 때마다 발 벗고 나서 국가를 지켰으며, 공민왕의 반원 개혁 정치를 지지하고, 홍건적의 침입으로 개경이 함락됐을 때에도 먼저 왕을 호위하며 고려를 지켰습니다.

또한 그는 역사에도 조예가 깊어 고려의 실록 편찬에 참여하고, 『사략』이라는 역사서를 펴내며, 성리학적 의리 명분론에 입각한 역사 서술

익재 이제현의 학문과 덕행을 추모하기 위하여 영정과 위패를 모신 구강서원이다.

을 하게 됩니다. 문학적 소양도 뛰어나 『역옹패설』과 같은 시화집을 내기도 했지요.

비록 고려 왕조는 쇠퇴기를 맞이하지만, 이후 성리학은 조선의 국가 이념이 될 만큼 크게 번성할 수 있는 토대를 마련합니다. 박학다식함과 국제적 교류, 그리고 투철한 국가관을 바탕으로 고려를 지켜낸 이제현의 사상과 행동은 이후 이색과 정몽주, 그리고 정도전 등을 통해 새로운 사회를 건설하는 이념적 바탕이 됩니다.

22

공민왕,
반원 자주 개혁을 내걸다

○

12살의 어린 나이에 몽골이 통치하던 중국 원나라 궁궐에서 생활하다가 10년 뒤에야 고국에 돌아와 왕이 된 인물이 있습니다. 그는 원하지도 않던 원나라 위왕의 딸 노국대장공주와 결혼해야 했고, 머리도 몽골의 변발을 한 상태였지요. 그러나 그는 이러한 원의 속박을 가만히 당하고만 있지 않았습니다. 무려 100년간이나 원나라가 차지한 화주_{함남 영흥} 이북의 땅을 탈환하기 위해 공격하고, 이를 곧 성공시킵니다. 그리고 원이 통치하기 위해 설치한 쌍성총관부를 폐지하고, 고려의 옛 땅을 되찾게 됩니다. 세계 제일의 최강국 원에 반격을 가한 왕, 그가 바로 고려 31대 왕 공민왕_{恭愍王, 재위 1351~1374}입니다.

변발을 풀어 버린 공민왕

공민왕의 이름을 잘 살펴보면 당시의 정치적 상황을 읽어 낼 수 있습니다. 공민왕은 앞선 충렬왕부터 충정왕까지 보이는 '충忠'자 시호를 쓰지 않았습니다. 앞에서 보았듯 '충'자는 원에 대한 충성의 의미가 강하지요. 그런데 공민왕은 그 '충'자를 쓰지 않았으니 여러분도 그가 원에 충성을 바치지 않았다는 것을 쉽게 떠올릴 수 있을 것입니다. 한편, '공민'이라는 시호는 고려 자체에서 추증한 것이 아니라, 명나라에서 시호를 내린 것입니다. 그렇다면 공민왕이 반원 개혁 정책을 본격적으로 추진할 수 있었던 것은 당시 동아시아의 정세가 원·명 교체기라는 외부적 요인도 작용한 것임을 알 수 있습니다. 실제 공민왕이 즉위한 1351년에 중국에서는 한족 중심으로 '홍건적의 난'●이 일어난 상황이었지요. 공민왕은 즉위한 다음 해에 곧 과감하게 몽골의 풍속을 폐지합니다. 당시 대신 이연종李衍宗이 변

공민왕과 부인 노국공주를 그린 영정

● 원나라 말기 중국에서 일어난 한족 농민 중심의 종교적 반란으로, 머리에 붉은 두건을 쓰고 활동하던 무리라 하여 '홍건적'이라 불렸다. 훗날 중국 명나라를 수립한 주원장이 홍건적 출신이기도 하다.

발과 호복胡服, 오랑캐의 옷차림이 고려의 제도가 아니므로 본받지 말 것을 건의하자, 기다렸다는 듯 공민왕은 매우 기뻐하며 그 즉시 변발을 풀어 버립니다. 물론 이를 건의한 이연종에게는 옷과 요를 하사했지요.

기철로 대변되는 친원파 세력을 치다

한번 마음을 먹은 공민왕은 원의 간섭에서 벗어나기 위한 일련의 개혁 정치를 거침없이 추진해 갑니다. 몽골이 일본 정벌을 구실로 설치한 후 실제로는 고려의 내정간섭을 자행하던 정동행성이문소征東行省理問所, 고려 충렬왕 때에 원나라가 개경에 둔 관아를 폐지하였습니다. 또한 원나라 연호를 거부하였으며, 고려의 원래 통치 제도였던 중서문하성과 상서성 중심의 2성 6부 체제를 복귀합니다. 이는 곧 고려가 원의 속국이 아니라 그들과 대등한 국가라는 대내외적 선포이기도 했지요. 이런 반원 정책의 정점은 앞서 언급한 쌍성총관부 탈환, 그리고 기철奇轍, 기황후의 오빠로 대변되는 친원파 세력에 대한 과감한 숙청이었습니다. 공녀로 원에 끌려갔다가 원나라 황제인 순제의 황비가 된 누이 기황후를 등에 업은 기철은 왕의 명령을 따르지 않고 제멋대로 권력을 휘둘렀다고 『고려사』는 전합니다. 공민왕은 거짓 잔치를 열고 기철 등 친원파 핵심 세력을 초대합니다. 그리고 곧 그들을 궁궐 안에서 제거합니다.

그런데 공민왕의 반원 정치와 왕권 강화가 물 흐르듯 일사천리로 진행되지만은 않습니다. 여전히 남아 있던 친원파 세력이 반발하고 있었고, 외부적으로는 홍건적과 왜구의 침입이 이어지면서 외우내환의 위기를 만나게 됩니다. 특히 홍건적의 침입으로 수도 개경이 함락되면서 한때 공민왕은 안동으로 피신하기도 했습니다. 또 하나, 처음에는 원치 않았던 노국공주와의 결혼이었지만 공민왕은 그녀를 매우 많이 의지하며 살아가고 있었습니다. 그런데 노국공주가 그만 난산으로 사망하면서 공민왕은 실의에 빠지게 됩니다.

안동 '영호루'의 현판 글씨이다. 1361년 홍건적의 침입을 피해 안동으로 피난 간 공민왕이 쓴 것으로 전해진다.

신돈의 등장, 그리고 공민왕의 좌절

이때 공민왕이 믿고 국사를 맡긴 인물이 승려 신돈辛旽입니다. 그는 왕으로부터 개혁 정책을 위임받아 주로 친원파 세력이었던 권문세족에 맞서게 됩니다. 한편에는 공민왕이 성리학적 통치를 위해 등용하였던 이색 등 신진 사대부가 있었지만, 왕의 신임을 전적으로 얻은 사람은 승려 신돈이었습니다. 그는 권문세족 등 당대 권력층이 불법으로 차지한 토지와 노비를 찾아내 원래대로 되돌리는 개혁을 추진합니다. '전민변정도감'이라는 관청을 통해 신돈이 추진한 이 개혁은 당시 백성들로부터 큰 환영을 받지만, 기존 권문세족의 거센 반발과 신돈 스스로가 권력에 도취되면서 문제가 발생하게 됩니다.

기존 권력층은 신돈이 왕위를 넘본다고 모함하였으며, 공민왕도 권

서울 마포구 창전동에 있는 공민왕 사당 전경

력화 되어 가던 신돈을 그대로 놔둘 수 없게 되자 그를 숙청합니다. 그러나 공민왕 스스로 개혁의 한 축을 잘라 버린 형국이 되었고, 신진 사대부들이 개혁의 밑거름으로 성장하였으나 공민왕이 예전만큼 강한 개혁 정치를 추진할 상황이 아니었습니다. 이런 틈을 노린 일부 측근 세력과 권력층의 결탁으로 1371년 공민왕은 그만 암살당하게 됩니다.

이제 고려는 내부 기득권 세력의 부정부패를 물리치고, 급변하는 동아시아의 정세에 맞춰 새로운 결단을 해야 하는 상황으로 빠져듭니다. 고려의 운명은 어떻게 될까요? 그리고 당시 사람들은 어떤 국가를 선택하게 될까요? 이는 다음 장에서 밝혀질 것입니다.

23

정몽주 vs 정도전
어떤 나라가 좋은 나라인가?

○

때로는 책 한 권이 역사를 바꾸기도 합니다. 플루타르코스의 『영웅전』
이 나폴레옹에게 큰 영감을 불어넣었고, 마르코 폴로의 『동방견문록』을
닳도록 읽던 콜럼버스는 호기심을 참지 못하고 직접 대항해를 나섭니
다. 14세기 후반 고려에서도 그런 일이 벌어집니다. 다섯 살 위인 정몽
주가 건네준 책 『맹자』를 읽고 감명을 받은 정도전은 자신의 모든 것을
걸고 세상을 바꿉니다. 정도전은 신흥 무인 세력의 수장이던 이성계를
왕으로 옹립하는 역성혁명易姓革命, 왕조가 바뀌는 일을 통해 고려를 무너뜨리
고 조선을 건국하지요.

같은 듯 다른 두 길, 개혁과 혁명

정도전은 『맹자』를 읽기 전까지는 평범한 학자 중 한 명이었습니다. 강한 정치적 성향도 없었으며, 백성은 어리석고 복종의 대상이라고 여겼지요. 그러나 그는 이 책을 읽으면서 변하게 됩니다. 『맹자』에서 백성은 곧 하늘의 뜻이자 도道였습니다. 임금이 백성의 마음을 얻지 못하면 백성이 임금을 버린다는 글귀는 그에게 청천벽력과도 같은 말이자 깨달음의 언어였지요. 그런데 고려 말 현실 속의 백성들은 비참한 삶을 살고 있었습니다. 대외적으로는 홍건적의 난과 왜구의 침입으로 생존의 위기에 처해 있었으며, 대내적으로는 기득권층인 권문세족의 횡포에 자신의 토지를 억울하게 빼앗기고 가난의 고통 속에 살고 있었지요. 정몽주와 그는 이런 잘못된 국가 상황을 바꾸기 위해 발 벗고 나섭니다. 성리학자

정몽주 초상

들을 모아 정치 세력을 형성하여 유교적 이상 사회를 지향합니다. 왕부터 백성까지 사람답게 사는 것, 즉 인의예지가 지켜지는 사회, 자신의 토지를 경작하며 경제적 어려움 없이 인간답게 사는 사회, 그리고 충효를 통해 국가 기강이 바로 선 사회를 만들고 싶어 했지요.

정몽주와 정도전은 친원

파이자 대농장을 소유한 기득권층의 반발에 자신들의 한계를 깨닫고, 자신들을 도와줄 무인 세력을 찾게 됩니다. 그것이 바로 훗날 조선의 태조가 되는 이성계였지요. 이제 정몽주와 정도전은 이성계와 함께 기존 세력을 숙청하며 고려를 되살리는 길에 나섭니다. 우왕禑王, 재위 1374~1388과 창왕昌王, 재위 1388~1389을 폐위하고, 고려의 마지막 왕인 공양왕恭讓王, 재위 1389~1392을 세우는 것까지도 이들은 함께하지요. 그것이 『맹자』에서 배운 민심이고 천심이라고 여겼기 때문이었습니다. 그런데 이 상황에서 둘은 확연하게 갈라지게 됩니다. 바로 자신들을 지지하는 세력과 저항하는 세력 사이에서 개혁을 통해 사회적 안정을 이룰 것이냐 아니면 완전히 새로운 판을 짤 새로운 국가를 만들 것이냐 하는 갈림길에 부딪친 것입니다.

덧셈의 정치와 뺄셈의 정치 사이에서

정몽주는 권문세족에 대한 숙청이 상당히 진행된 상황에서, 심지어 왕까지 두 번이나 교체한 상황에서 더 이상의 희생을 요구하는 것은 무리라고 여깁니다. 또한 백성 누구나 잘 먹고 잘사는 문제, 즉 토지 문제에서도 권문세족의 불법적 농장을 혁파하여 원래대로 만드는 것이 최선이라고 여겼습니다. 그 후에는 백성들의 실질적 고통인 세금 부담을 최대한 줄여 주는 방식을 택합니다. 문제점을 해결하는 방식이었지요. 살아남은 일부 권문세족이나 또는 신진 사대부 중 대토지 소유자도 인정할 수 있는, 그래서 망가질 대로 망가진 고려를 되살리는 방식을 택하였지요.

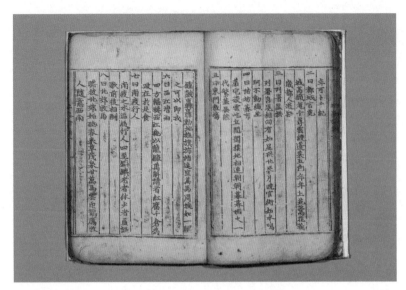

삼봉 정도전의 문집 『삼봉집』은 조선 건국과 관련하여 귀중한 자료이다.

반면 정도전은 백성의 수와 토지를 계산해 하늘의 뜻을 대변하는 백성을 위해 그들에게 토지를 골고루 나누어 주는 이른바 '계민수전計民授田' 방식을 강하게 주장합니다. 이는 권문세족이건 신진 사대부건 가리지 않고 그들보다는 백성을 우선으로 하는 토지 재분배 방식이었습니다. 그리고 더 나아가 그는 고려를 완전히 무너뜨리고 이 방식을 전면 수용할 수 있는 새 국가를 원하였습니다. 이를 반대하는 세력은 스승이든 선배든 받아들일 수 없었습니다. 그에게 중요한 것은 『맹자』에 나오는 중국 고대 주周나라의 토지 제도 방식인 정전제●를 실천할 수 있는 새 국가의 수립이었지요.

● 정전제(井田制)는 사방 1리의 농지를 '井'자 모양으로 9등분 한 다음, 그 중앙 구역은 수확해서 나라에 바치게 하고 둘레의 8구역은 농가에게 맡기는 토지 제도이다.

단심가의 정몽주, 조선을 디자인한 정도전

　같은『맹자』를 읽고 우왕과 창왕의 폐위까지 함께하였던 정몽주와 정도전이 결정적으로 갈라진 이유는 무엇일까요? 사실 조선 건국 이후의 정치 제도와 통치 방식은 상당수 정몽주가 기존에 주장한 것입니다. 조선의 친명 정책, 성리학의 이념, 재상 중심의 통치, 과전법의 이행 등 일부 변경이 있었으나 대부분은 정몽주의 주장이었습니다. 그렇다면 굳이 조선을 건국해야 했을까요? 이에 대해 역사학자들은 정도전이 고려 말 9년 여의 유배 생활에서 당시 고통 받던 백성들의 삶과 직접적으로 함께했기에 좀 더 급진적인 정치적 지향을 하게 된 것으로 보기도 합니다. 반대로 보면 정몽주는 성리학자답게 자신의 사상과 행동을 일치시키는 최대치를 보여 준 것인지도 모릅니다.「단심가丹心歌」로 잘 알려진 그의 고려에 대한 '충심'을 곰곰이 되짚어 볼 점도 있지요.

대한제국 시대에 만들어진 우편 엽서로, 이방원에 의해 정몽주가 죽임을 당한 장소인 선죽교가 보인다.

1392년 4월, 정몽주는 이성계를 문병하고 돌아오던 중 선죽교에서 이방원*이 보낸 조영규에 의해 죽임을 당합니다. 그리고 3개월 뒤, 조선이 건국됩니다. 정도전은 유교 경전 『시경』에 나오는 '군자만년 개이경복君子萬年 介爾景福'에서 따온 글귀로 경복궁의 이름을 짓습니다. "군자여, 만년토록 복을 누리소서"라는 뜻이지요. 유교 국가 조선의 역사가 새롭게 시작되는 순간입니다.

---

* 이성계의 다섯째 아들로 조선 왕조 수립에 큰 공을 세웠으며, 그는 1·2차 왕자의 난을 거친 후 조선 3대 왕인 태종이 된다.

24
송나라 사신이 감탄한
고려청자

1123년에 중국 북송에서 고려로 온 사신 서긍은 개경에 머물며 보고 들은 것을 기록해 『선화봉사고려도경』이라는 그림이 곁들여진 책을 만듭니다. 그는 여기에 고려청자에 대해 "도기의 빛깔이 푸른 것을 고려인은 비색翡色이라 한다"고 언급하였지요. 한마디로 진귀한 비취옥과 같은 색깔을 낸다는 칭찬입니다. 이와 더불어 "근래에 와서 제작 기술이 정교해져 빛깔이 더 좋아졌다"며 살짝 시샘어린 칭찬을 하였지요. 한편 송대의 명품을 골라 정리한 책인 『수중금』에서도 청자 중에 천하제일의 명품은 고려청자라고 하였습니다. 자, 이번에는 고려 최고의 예술인 청자를 통해 고려의 흥망성쇠를 알아볼까 합니다.

고려 문벌 귀족 문화의 극치, 12세기 청자

우리나라 청자는 10세기 후반 고려 광종光宗, 재위 949~975 때 만들어지기 시작한 것으로 보입니다. 당시 중국의 청자와 그 제작 기술을 받아들이기 쉬운 경기도 일대에서 가마터와 청자 유물이 발견되었습니다. 광종 때는 중국에서 도입한 과거제도가 시행되지요. 고려가 중국의 선진 문물을 수용하며 체제 정비에 나선 것입니다. 능력 있는 인물이 관료가 되었으며, 5품 이상 관료의 자손도 벼슬길에 나아갈 수 있던 음서 제도와 함께 과거제는 문벌 귀족 사회 성립의 계기가 됩니다.

그리고 당연히 이 문벌 귀족들은 왕과 함께 청자를 향유하는 주된 소비자가 됩니다. 그 정점이 바로 인종과 의종 때지요. 12세기 인종의 무덤인 장릉에서 발견된 '청자 참외형 화병'이나 '청자 복숭아형 연적', '청자 투각 칠보문 향로' 등에서 당시 문화 수준과 청자의 비색을 확연히 느낄 수 있습니다.

왼쪽부터 국보 94호 청자 참외형 화병, 청자 복숭아형 연적, 국보 95호 청자 투각 칠보문 향로

그런데 왜 청자가 유행이었을까요? 당시 아주 진귀한 옥으로 만든 완사발은 매우 비싸서 쓰기도 아까울 정도였는데, 청자가 제작되면서 이 문제를 해결해 준 것이지요. 푸른 옥처럼 신비한 빛을 내면서도 상대적으로 대량 생산도 가능해지자 주요 구매자였던 왕족과 문벌 귀족의 소비재이자 예술품으로 주목받게 된 것입니다. 우리나라에서는 신라의 질그릇 생산 전통 속에서 중국 송의 기술이 더해져 순수 청자 혹은 비색 청자가 12세기에 최고조로 발달하였으며, 13세기에 상감기법●이 독자적으로 개발되어 최전성기를 맞이합니다. 이를 반영하듯 1157년께, 즉 고려 의종毅宗, 재위 1146~1170 때는 아예 청자 기와가 제작되기까지 합니다.

개경 만월대를 수놓은 청자 기와

이 청자 기와는 전남 강진에서 제작되어 개경 만월대에 사용될 정도였습니다. 고려청자로 지붕을 뒤덮은 궁궐, 상상만 해 봐도 찬란하게 눈부시겠지요. 더 흥미로운 사실은 1157년을 전후하여 상감기법의 청자가 서서히 나타난다는 점입니다. 어쩌면 그만큼 의종은 놀라울 정도로 문화적 감수성이 뛰어났으며, 그 시기 청자 수준을 한 단계 발전시킬 만큼의 예술적 안목이 있었던 것입니다. 반면 그것은 왕실과 지배층의 향유 문화가 자칫 너무 지나친 화려함에 치중하고 국정을 소홀히 할 수

● 금속이나 도자기, 목재 따위의 표면에 여러 가지 무늬를 새겨서 그 속에 같은 모양의 금, 은, 보석, 뼈, 자개 따위를 박아 넣는 공예 기법. 오늘날에도 나전 칠기, 자개농, 도자기 등에 이용하고 있다.

개경 만월대에 사용되기도 한 청자 기와

있어, 곧 의종의 몰락과 문벌 귀족 사회가 붕괴되는 전조이기도 했습니다. 아버지였던 인종仁宗, 재위 1122~1146 때에 외척인 이자겸이 난을 벌이고, 묘청이 서경 천도를 주장하며 반란을 일으키면서 문벌 귀족 사회는 흔들리고 있었지요. 그러다 1170년 의종이 보현원普賢院으로 행차할 때 무신 정변이 터지고 맙니다. 당시 무신들은 "문신의 관을 쓴 이는 비록 말단 관리라도 씨를 남기지 말라"고 외치며 정변을 일으킵니다. 청자를 애호했던 의종은 왕권에서 쫓겨나고 3년 뒤 죽임을 당합니다.

상감청자를 발전시킨 최 씨 무신 정권

그렇다면 의종의 죽음과 함께 고려청자의 운명도 다했을까요? 전혀 아닙니다. 여러분이 잘 아는 국보 68호인 '청자 상감 운학문 매병'에서 확인할 수 있듯이 오히려 더 독자적인 한국적 미美를 발산하게 됩니다. 청자의 표면에 음각으로 무늬를 만든 뒤 백토나 자토를 붓으로 바르고 초벌구이를 합니다. 그리고 유약을 발라 재벌구이를 하면 화려한 상감청자가 탄생하지요. 이를 통해 도교적이면서 불교적인 상징으로 읽을 수 있는 구름과 학 또는 자연적인 것을 상징하는 들국화가 장식무늬로 나타나게 됩니다. 특히 최 씨 무신 정권에서 정방政房, 사설 정치 기관을 설치하고 인사권을 좌지우지했던 최우崔瑀나 그의 아들 최항의 무덤에서 다양한 고려청자가 발견되기도 합니다. 무신 정권에서 오히려 청자는 상감청자라는 독자적 기법과 예술적 형태로 더욱 발전한 것이지요(아마도 무인들의 취향이 순청자보다는 화려한 문양을 선호한 것으로 보입니다). 그리고 그 제작 장소도 강진에서 최 씨 무신 정권의 지원을 받는 부안으로 바뀌게 됩니다.

국보 68호인 청자 상감 운학문 매병

　그 뒤 최 씨 무신 정권은 몽골의 침략에 맞서 수도를 강화도로 옮기지만, 장기 항쟁을 펼치다 결국 무너집니다. 그리고 고려 조정은 몽골과 강화를 맺습니다. 이와 함께 고려청자도 서서히 퇴조하게 됩니다. 왜냐하면 원의 요구에 맞춰 청자에 중국식 무늬를 넣기도 하지만, 당시 주를 이룬 친원파 권문세족이 청자에 대해 관심을 크게 보이지 않았습니다. 그러면서 특정 무늬가 패턴화되어 쇠퇴하기 시작합니다. 그리고 새롭게 등장하는 조선에서 분청자분청사기와 백자에 그 예술적 지위를 양보합니다.

25

수월관음도,
고려 회화의 백미

○

475년 동안 존속한 왕조 국가 고려. 고려의 마지막 이야기에서는 고려의 문화를 다루고자 합니다. 고려는 수많은 외침에 시달렸지만 그 속에서도 찬란한 문화를 이뤄 냈습니다. 세계 최초의 금속활자, 16년 만에 완성된 팔만대장경, 화려한 고려청자 등 앞선 신라 못지않게 다양한 문화를 발전시켰습니다. 특히 고려 후기에 제작된 그림 중에서 세계 최고의 불화이자 유럽의 모나리자만큼 뛰어나다는 평가를 받는 불화가 있습니다. 바로 '수월관음도'입니다.

진리 얻기 위해 관음보살을 찾아간 선재동자

고려 시대에 성행했던 불화 수월관음도는 말 그대로, 어두운 밤 달이 비친 물 가운데에 앉아 있는 관음보살을 그린 그림입니다. 뭔가 좀 부족하죠? 그림을 보면 이해가 빨라집니다. 자, 다음 장에 있는 그림을 봅시다. 왼쪽 아래에 선재동자가 두 손을 합장하거나 허리를 굽혀 예를 갖추는 동시에 자신보다 몇 배나 큰 관음보살을 바라보고 있습니다. 왕관과도 같은 보관을 쓴 관음보살은 암벽 위의 방석에 앉아 왼쪽 다리는 내리고 오른쪽 다리는 반대편 무릎 위에 올려놓은 자세를 취하고 있습니다.

그 뒤로는 광배가 보이고 등 뒤쪽에 조금 어둡지만 한 쌍의 대나무도 보입니다. 맞은편에는 버들가지를 꽂은 정병이 있으며, 그 아래를 보면 산호도 있고 연꽃도 있습니다. 관음보살의 왼쪽 발을 연꽃이 받쳐주고 있는 듯하네요. 그렇다면 선재동자와 관음보살은 왜 만나게 됐을까요?

수월관음도는 중국 당나라 말기에 시작해 송대에 크게 발전했습니다. 특히 둔황 지역에서 발전했으며 고려에도 영향을 주게 됩니다. 고려에서는 13~14세기경에 유행했는데, 현재까지 40여 점 정도의 수월관음도가 알려져 있습니다. 그 중 여러분도 교과서에 어김없이 소개되는 혜허의 「수월관음도」를 본 적이 있을 것입니다. 수월관음도는 중생 구제를 지향하는 대승불교의 경전인 『법화경』과 『화엄경』의 내용을 바탕으로 그려졌습니다. 『화엄경』에는 진리를 깨닫기 위해 길을 나선 선재동자가 남쪽 보타락산에 있는 관음보살을 찾아가는 장면이 등장합니다.

관음보살은 원래 성불하기 위해 도를 닦다가 다른 중생을 도와주기

14세기 중엽에 제작된 것으로 전해지는 보물 1426호 「수월관음도」.
아모레퍼시픽 미술관에 소장되어 있다.

위해 인간 세상에 머물게 됐는데요, 중생이 재난을 당했을 때 구제해 주거나 질병을 막아 주기도 하고 외적이 침입하면 구해 주기도 합니다. 관음보살은 정병에 들어 있는 감로수를 중생에게 나눠 줌으로써 모든 중생들의 고통을 덜어 주고 갈증을 해소해 준다고 합니다.

중생의 고통을 덜어 주는 관음보살

『화엄경』에는 선재동자가 이 관음보살을 찾아가 보니 서쪽 골짜기에는 시냇물이 굽이쳐 흐르고 관음보살이 금강석 위에 가부좌하고 앉아 있어, 매우 기뻐하며 합장을 하고 눈도 깜빡이지 않고 관음보살을 쳐다본다는 구절이 나옵니다.

그런데 고려 후기의 수월관음도는 『화엄경』의 내용을 따라 그린 것 같지만, 자세히 보면 조금 다른 점이 발견됩니다. 그림 속 관음보살은 금강석이 아니라 풀 자리 위에 앉아 있고, 반가좌의 자세이며 경전에 등장하지 않는 산호와 연꽃이 보이기도 합니다. 그래서 우리나라 미술사학자들은 이 그림과 관련된 문헌을 찾아보게 됐지요. 우선 『고왕경』이라는 경전을 살펴보니 그 속에 관음보살이 발을 내려 연꽃을 밟음으로써 많은 꽃이 피게 되고 감로수로 중생을 구제한다는 내용이 나옵니다. 『화엄경』만으로는 설명되지 않는 그림의 도상이 조금 더 이해됩니다.

한편, 고려 후기에 쓰인 『삼국유사』에서 이 수월관음도를 설명해 줄 단서를 몇 가지 찾게 됩니다. 책에 따르면 신라의 의상대사가 당에서 돌아와 관음보살이 해변 굴속에 산다는 말을 듣고 찾아갔다고 합니다. 그

의상대사가 671년에 창건하였다는 낙산사

곳에서 7일 동안 몸과 마음을 정갈히 하고 만나기를 청하자 동해용이 나타나 여의보주를 한 알 바칩니다. 또 7일을 빌자 드디어 흰 옷의 관음보살이 나타나 산마루에 한 쌍의 대나무가 솟아날 것이니 그곳에 사찰을 지을 것을 부탁합니다. 의상이 그 말을 받들고 굴에서 나오자 곧 대나무 한 쌍이 땅에서 솟아 나왔다고 합니다. 그곳이 바로 오늘날 강원도 동해안의 양양 낙산사입니다.

수월관음도에 투영된 고려인의 소망

자, 그렇다면 수월관음도에서 관음보살의 등 뒤로 보이는 한 쌍의 대나무가 이해될 것입니다. 또한 고려의 귀족 또는 귀부인과 같은 얼굴을 한 관음보살이 흰색 또는 금가루에 아교를 섞은 금니金泥로 겹쳐 그린 투명한 옷을 입은 것 또한 이해되겠지요? 이렇게 이 한 장의 그림을 통해 관음보살과 관련된 여러 경전의 구절이 시각적으로 확연하게 전달되고 있는 것입니다.

　또한 그림 속에 당시 고려인들이 절절히 소망하는 것들이 투영돼 있다고 할 수 있습니다. 고려 후기는 빈번한 외적의 침입과 내부 혼란으로 고통 받던 시기이기도 하지요. 왕부터 귀족은 물론 백성들까지 그 고통을 누군가 덜어 주고 구제해 준다면 더할 나위 없이 좋겠지요. 그것이 바로 수월관음도에 투영된 고려인의 마음이었으며, 그만큼 제작도 빈번히 이뤄진 것입니다.

　단 한 가지 안타까운 것은 수십 점의 수월관음도가 대부분 외국에 있다는 것입니다. 다수는 일본에 있으며 독일이나 미국에 있는 경우도 있습니다. 왜구의 침입과 조선 시대 임진왜란을 겪으면서 일본에 약탈당한 것이 주요 원인이지요. 수월관음도 모두가 어서 빨리 제자리로 돌아오기를 고대하며, 이제 조선의 역사 속으로 들어가 보겠습니다.

[조
선]

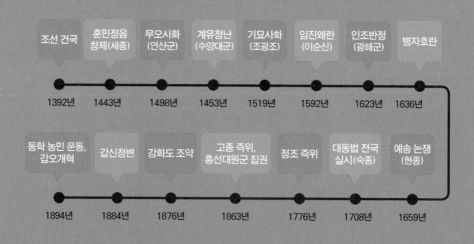

조선 건국	훈민정음 창제(세종)	무오사화 (연산군)	계유정난 (수양대군)	기묘사화 (조광조)	임진왜란 (이순신)	인조반정 (광해군)	병자호란
1392년	1443년	1498년	1453년	1519년	1592년	1623년	1636년

동학 농민 운동, 갑오개혁	갑신정변	강화도 조약	고종 즉위, 흥선대원군 집권	정조 즉위	대동법 전국 실시(숙종)	예송 논쟁 (현종)
1894년	1884년	1876년	1863년	1776년	1708년	1659년

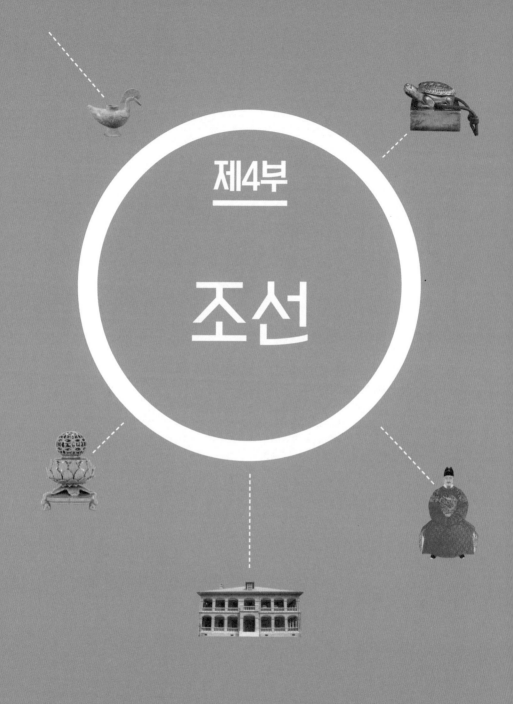

제4부

조선

26
조선의 기틀을
확립한 태종

따가운 햇살이 내리쬐는 여름 초입에 저는 조선의 왕 중에서도 가장 무서운 왕이자 조선 개국의 일등 공신으로 평가받는 어느 왕의 무덤을 찾아 왔습니다. 성균관에서 수학하였으며 16살에 이미 과거 급제를 하였고, 33살에 왕이 되어 조선을 호령한 태종太宗, 재위 1400~1418 이방원입니다. 그의 무덤인 헌릉 앞에는 무인석과 문인석이 각각 쌍으로 지키고 있습니다. 그리고 양과 호랑이, 말 모양의 돌로 만든 조각상이 함께 헌릉을 지키고 있지요.

조선 태종의 무덤(헌릉)과 왕의 무덤을 지키고 있는 문·무인석과 동물 조각상

왕권과 신권의 대립, 그리고 이방원의 불만

조선은 정도전 등 성리학을 이상으로 여기는 급진파 신진 사대부들이 신흥 무인 세력의 수장이었던 이성계를 왕으로 옹립하면서 성립하였습니다. 따라서 조선은 이른바 사대부 사회와 그 위에 왕이 있는 안정적 지배 체제를 구성할 수 있었습니다. 고려의 지배층이 지방 호족에서 문벌 귀족, 무신과 권문세족을 지나 신진 사대부까지 다양하게 변화했던 것과는 다르지요.

조선 시대를 간단히 말하자면 '왕+양반'이 국가를 움직인 사회입니다. 그런데 왕과 양반 지배층 사이에 관계 설정을 어떻게 할 것인가 하는 문제가 남아 있었습니다. 왕의 말이 곧 법이요, 정의인 시대에 신하들은 왕이 시키면 시키는 대로 하면 되는 것 아니냐고 생각할 수 있습니다. 그런데 조선은 '짐이 곧 국가'라고 외친 루이 14세의 절대 왕정과 같은 강력한 왕권이 설정된 국가가 아니었습니다. 그와 같은 왕권을 가진 조선의 왕은 사실 몇 명 되지도 않았지요. 이성계와 신진 사대부가 합의한 단한 가지는 고려를 무너뜨리고 유교적 이상 국가를 만들자는 것이었습니다. 누가 그 국가를 주도적으로 만들어 갈 것인지는 확실하게 못 박지 않았습니다.

정도전의 구상은 이른바 '재상 총재'입니다. 왕은 성인군자와 같은, 또는 천체의 북극성처럼 밝게 빛나는 존재이자 우주의 중심과도 같은 존재입니다. 따라서 실제 유교적 가치인 '인仁'으로 국가를 다스리는 것은 왕이 아니라 능력이 출중한 재상의 몫이라는 것이지요. '일인지하 만인지상一人之下 萬人之上' 즉, 재상은 위로 왕을 받들고 아래로 백관을 통솔하며, 만백성을 직접 다스린다는 것입니다. 정치적 격변기와 외세의 침략이 빈번한 시기에는 이성계와 같은 무장이 매우 중요하지만, 국가를 세우고 질서를 바로잡은 이후에는 유교적 문사文士가 실질적인 통치자라는 것이지요.

그런데 이에 대해 불만을 품은 이가 바로 이성계의 다섯째 아들이자 세종대왕의 아버지로 잘 알려진 태종 이방원이었습니다. 그는 정도전의 '재상 총재'를 용납할 수 없었습니다. 나라를 다스리는 것은 곧 임금의 역할이니까요.

조선의 최고 권력은 왕이다?

특히 이방원은 자신이 개국 공신에서 제외되고, 정도전이 중심이 되어 태조 이성계의 8번째 아들 방석을 왕세자로 책봉하는 것을 보면서 더 이상 참지 못하게 됩니다. 그는 정도전이 권력화되어 가고 있다고 판단하였으며, 도를 넘었다고 생각한 것이지요. 결국 1차 왕자의 난을 일으킨 이방원은 이방석과 정도전을 제거하였고, 2차 왕자의 난 이후 조선의 3대 왕에 즉위합니다.● 태종은 왕위에 오르자마자 대대적 개혁에 나서

● 1차 왕자의 난은 태조 7년(1398)에 조선의 왕위 계승을 둘러싸고 이방원 세력과 정도전 세력 간에 일어난 싸움이다. 태조 이성계가 정도전 등의 의견을 수렴하여 여덟 번째 아들 방석을 세자로 책봉하자 이방원 등이 이에 반발하여, 정도전 세력을 축출하고 세자 방석을 폐위하여 귀양 보내는 도중에 살해하였다. 2차 왕자의 난은 정종 2년(1400)에 태조 이성계의 넷째 아들 이방간과 다섯째 아들 이방원 간의 왕위 계승을 둘러싸고 일어난 싸움이다. 이방간은 유배되었고, 이방원은 조선 3대 왕으로 추대되었다.

게 됩니다. 정도전이 추진하였던 재상 중심의 정치가 아닌 왕권 강화가 그 핵심이었지요.

태종은 제도 개혁을 단행해 6조 직계제六曹直啓制를 실시합니다. 이것은 기존에 의정부의 재상들이 재상권을 통해 행사하던 정책 수립 권한을 왕이 직접 행사하면서 6조의 판서가 왕에게 바로 국정을 보고한 후, 왕이 결정하여 곧 시행하게 하는 제도인데요. 이제 태종이 조선의 국왕은 곧 국가이며 모든 것임을 만천하에 알렸다고 해도 과언이 아닌 것이지요. 또한 외척이 권력을 휘두르는 것을 막기 위해 처남인 민 씨 형제를 과감히 제거합니다.

유교적 이상 국가를 지향한 태종

단, 태종이 무조건 숙청만 일삼은 것은 아닙니다. 그는 앞서 언급하였듯 성균관에서 수학한 성리학자 출신이기도 합니다. 유교적 이상향을 지향한 국왕이었지요. 그래서 전국의 토지를 조사하여 국가가 관리하는 발판을 마련하고, 안정적으로 지세地稅를 거둬 국가의 경제 기반을 안정시켰습니다. 또한 호패법號牌法, 16살 이상 남자는 호패를 가지고 다니게 하던 신분 제도을 실시하여 조선의 인구 동태를 파악하였으며, 농업을 장려하고 수리 시설을 복구하였지요. 또한 신문고를 설치하여 백성들이 억울하고 원통한 일을 당했을 때 이를 직접 호소할 수 있는 창구를 마련하였습니다. 중앙 부서에서는 사간원司諫院, 임금에게 간언하는 일을 맡아보던 관아을 독립시켜 왕의 언행이나 정책에 잘못이 있을 때 이를 바로잡기 위해 간쟁諫爭을

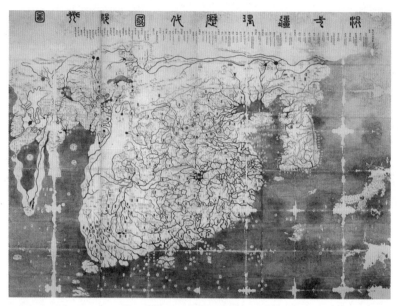

태종이 통치하던 시기에 만들어진 「혼일강리역대국도지도」는 오늘날 현존하는 동양 최고(最古)의 세계 지도라 할 수 있다.

고하도록 하였지요. 이 또한 유교적 정치를 안착시키려는 의지라고 할 수 있습니다.

　　문화적으로는 아시아, 유럽, 아프리카를 포함시킨 세계 지도 「혼일강리역대국도지도混一疆理歷代國都之圖」를 만들었습니다. 또한, 주자소鑄字所, 활자를 만들어 책을 찍어 내던 부서를 설치하고 구리 활자인 '계미자癸未字, 우리나라에서 그 모양을 알 수 있는 활자 가운데서 가장 오래됨'를 만들어 유교 서적의 출판과 간행에 크게 기여하였습니다. 흥미롭게도 이 시기의 역사서인 『태종실록』에는 태종이 이미 귀갑선, 즉 거북선에 대해 언급하는 내용이 나오기도 합니다. 결국 이러한 그의 개혁 정치와 문화 정책이 밑바탕이 되어 다음 시기 세종대왕의 찬란한 통치가 가능하게 되었던 것입니다.

27

세종, 민본 정치를
보여 주다

지혜로운 사람은 아침나절이 되기 전에 이해하고, 어리석은 사람도 열흘 만에 배울 수 있다는 훈민정음. 세계에서 가장 과학적이며 인류가 축적한 가장 위대한 지적 성취라는 찬사를 받고 있는 이 문자를 창제한 이는, 여러분도 잘 알고 있는 조선 4대 왕 세종世宗, 재위 1418~1450입니다. 찬란한 업적을 남긴 그의 통치를 꿰뚫는 코드는 단 한 가지, 바로 백성을 근본으로 하는 정치입니다.

백성의 먹고사는 것을 해결하고자 노력한 왕

국가가 백성을 근본으로 삼는다면 백성은 무엇을 근본으로 할까요? 당연히 먹고사는 것이 최우선이겠지요. 그래서 세종은 농사에 주목합니다. 농사가 입고 먹는 것의 근원이기 때문이지요. 유교의 진정한 왕도 정치는 권농에서 시작한다고 본 것이지요. 먼저 세종은 우리 풍토에 맞는 농법을 전국적으로 보급하기 위하여 『농사직설』을 편찬합니다. 중국 농법이 우리 땅에는 당연히 맞지 않기 때문에 우리나라 농민의 농사 경험과 지식을 모아 편찬한 것이지요. 그러나 책만으로는 부족하겠지요. 특히 농사는 파종부터 수확까지 시기를 놓치면 안 됩니다. 햇볕과 물의 양도 잘 조절할 수 있어야 합니다. 이에 세종은 측우기와 물시계 그리고 해시계를 고안해 냅니다.

단순히 백성을 위하는 마음만으로 모든 일이 해결되지는 않습니다. 이를 잘 알고 있던 세종은 농사에 필요한 여러 과학 도구를 만들어 냈습니다. 물론 여러분이 잘 아는 장영실을 통해서지요. 장영실을 추천한 것은 명재상 황희입니다. 그의 뛰어난 재능을 알아본 세종은 미천한 신분에 구애받지 않고 활동하도록 길을 열어 주었으며, 장영실은 물시계인 자격루自擊漏와 측우기 등을 제작하게 됩니다. 자격루는 물의 부력을 이용해 쇠구슬을 움직여 북과 종을 침으로써 시간을 알렸다고 합니다. 자동 물시계인 것이지요. 현재는 중종中宗, 1506~1544 때에 다시 제작한 자격루의 일부만이 전해지고 있습니다. 측우기는 빗물을 그릇에 받아 강우량을 재는 도구로써 전국적인 강우량을 알 수 있는 획기적인 발명품이었습니다. 또한 가마솥처럼 오목한 모양의 시계판에 시각선인 세로선과

철로 만든 원통형의 측우기를 올려놓는 받침돌인 측우대(보물 843호, 왼쪽)와 현재 유일하게 남아 있는 것으로 헌종 3년(1837)에 만들어진 측우기(보물 561호)

중종 31년(1536)에 제작한 보루각 자격루(국보 229호, 왼쪽) 일부와 해시계 앙부일구. 장영실에 의해 만들어진 해시계는 임진왜란 때 유실되었다.

계절선인 가로선을 새겨 만든 해시계 앙부일구仰釜日晷를 종로 혜정교와
종묘 앞에 설치하기도 했지요.

여론 조사로 세금 징수의 기준을 마련하다

여기서 멈추지 않고 세종은 당시 중국 베이징을 기준으로 만든 역
법인 수시력授時曆이 우리나라에 맞지 않는 것을 알고, 천체 운행을 관측
하는 혼천의渾天儀를 제작·관찰하였습니다. 예를 들면 24절기인 입춘이
중국식으로 하면 우리나라의 시기와 맞지 않는 경우가 많이 발생하겠지
요. 그래서 서울, 즉 한양을 기준으로 천체 운동을 계산한『칠정산七政算』
이라는 역법서를 만들게 됩니다. 당연히 이제 우리나라에 맞는 24절기
를 계산하고, 이에 맞춰 농사를 안정적으로 지을 수 있게 되었습니다.

이러한 일련의 권농 정책과 도구 제작은 곧 토지와 세금 문제를 해
결하는 방안으로도 확대되었습니다. 당시 관리들이 토지세를 거둬들이

국보 230호 혼천의(왼쪽 위편)와 혼천시계

는 과정에서 권력을 남용해
수취 기준을 자의적으로 정하
는 등 횡포가 심해지고 있었
습니다. 세금은 국가 재정의
가장 핵심이지만 또한 백성
들에게서 가장 큰 원성을 들
을 수 있고, 심지어 국가의 명
운이 걸린 문제이기도 했습니

다. 지나친 세금 징수는 오히려 농민 봉기로 이어질 수 있기 때문이지요.

세종은 문무백관文武百官부터 평범한 농민까지 여론조사를 실시하고 이를 바탕으로 정책을 결정하는 놀라운 면모를 보여 줍니다. 전제 왕권의 역사에서 그 유례를 찾아보기 힘든 민주적 정책 결정 과정이었지요. 그 결과 토지의 비옥도에 따라 6등급으로 나누고, 이와 함께 풍년이냐 흉년이냐에 따라 토지세를 차등해서 걷는 방안을 확정짓습니다. 그래서 당시 상황에 따라 토지 1결당 최대 20두斗부터 최하 4두까지 합리적으로 세금을 징수하는 획기적 방안을 마련합니다.

왕권과 신권의 조화, 포용의 리더십

이렇게 세종이 민본 정치와 그 정책 방안을 촘촘하게 만들어 나갈 수 있었던 밑바탕은 무엇일까요? 저는 무엇보다 세종의 탁월한 리더십이 그 핵심이라고 여깁니다. 아버지 태종의 리더십은 강함, 즉 힘을 바탕으로 하였지요. 세종은 정반대로 재상을 비롯한 신권을 포용하고 왕권과 신권을 조화롭게 융합할 수 있는 리더십을 발휘합니다. 그것이 제도적으로는 '의정부 서사제議政府 署事制'로 구체화됩니다. 세종은 인사권과 군사권이라는 가장 핵심적인 권력을 장악하고, 나머지는 모두 신하에게 전적으로 맡기는 중용의 도를 발휘합니다. 의정부 서사제는 6조*에서

● 6조는 이조(吏曹), 호조(戶曹), 예조(禮曹), 병조(兵曹), 형조(刑曹), 공조(工曹)를 말한다. 이조는 내무·문관 인사를, 호조는 재정·조세·호구 파악 등을 담당한다. 예조는 의례·교육·외교 분야를, 병조는 군사를 맡는다. 형조는 형률을, 공조는 토목·건축 관련 업무를 수행한다.

올린 일에 대해 재상들이 의정부에서 심사숙고하여 합의한 뒤 왕에게 재가를 받는 절차로, 신하들의 능력을 최대한 인정하고 끌어 올릴 수 있는 제도적 장치로 활용되었습니다.

그래서 우리는 황희와 맹사성 등의 명재상을 기억할 수 있게 됩니다. 이렇게 왕권과 신권이 조화를 이루면서 세종 때의 조선은 한 가지 일만을 위해 나아갈 수 있게 됩니다. 바로 하늘과 같은 존재, 즉 백성을 위한 정치를 실시하는 것이지요.

28

몽유도원도,
꿈속에서 도원을 노닐다

1447년 4월 20일, 세종의 셋째 아들 안평대군安平大君, 1418~1453은 평소 친하던 집현전 학사 출신의 박팽년朴彭年, 1417~1456과 함께 복숭아꽃이 만발한 이상향 도원을 꿈속에서 찾아 노닐게 됩니다. 꿈에서 깨자마자 그는 당대 최고 화가인 안견安堅을 불러 자신이 꿈속에서 본 것을 말한 후, 곧바로 그리도록 시킵니다. 안견은 놀랍게도 사흘 만에 그림을 완성하고, 이에 기뻐한 안평대군은 곧 그림의 제목을 달고 시와 글을 씁니다. 그리고 꿈속에서 함께 거닐었던 박팽년은 물론 평소 그와 함께 시와 글을 논하던 신숙주, 정인지, 김종서 등 21명이 이 그림을 위한 글을 써, 마침내 조선 최고의 명화가 완성됩니다. 바로 「몽유도원도夢遊桃源圖」입니다.

3일 만에 안평대군 꿈을 그린 안견

　여러분은 조선 최고의 회화라고 하면 당연히 겸재 정선, 단원 김홍도, 혜원 신윤복 등의 화가와 그들의 그림을 떠올릴지 모릅니다. 그런데 잘 생각해 보면 이들의 그림, 즉「금강전도」,「씨름」,「미인도」등은 모두 조선 후기의 작품들입니다. 반면「몽유도원도」는 15세기 그림입니다. 앞에서 살펴보았듯 세종 때에는 주로 과학 기술 등이 발전한 것 같지만, 회화에서도 이렇게 뛰어난 작품이 탄생하였습니다. 그 누구도 꿈속을 그릴 줄은 몰랐겠지요. 또한 이 작품은 조선 전기 왕과 사대부가 향유한 문화가 어떤 것인지 가장 압축적으로 보여 주고 있습니다.

　먼저 꿈을 꾼 이는 조선 전기 최고의 예술 후원가이자 그 자신도 예술가였던 안평대군입니다. 그는 왕족의 신분으로 당시 명을 통해 중국의 문화 및 예술품을 직접적으로 향유할 수 있었으며, 동시에 유학자로서 갖출 수 있는 최고의 감성적 목표인 시서화 삼절詩書畵 三絶을 모두 이룬 인물이었습니다. 그의 서체는 '송설체'라고 하여, 고려 후기 이제현140쪽 참조이 학문을 논하기도 했던 원나라 조맹부의 글씨체입니다. 안평대군이 쓴

안견의「몽유도원도」는 일본 덴리 대학에 소장되어 있다.

「몽유도원도」발문의 글씨를 보면, 한 글자의 끝 부분마다 미적인 악센트가 느껴지지요. 또한 그는 악기까지도 연주할 줄 알았습니다. 세종의 문인적 감수성을 그가 계승한 것입니다. 참고로 태조 이성계와 태종 이방원의 무인적 기질은 바로 위의 형 수양대군이 갖추고 있었습니다. 안평대군이 꿈꾼 도원은 동아시아의 이상향이기도 합니다. 이른바 '무릉도원'이라고도 하는데요. 그 연원은 중국 위진 남북조 시대 동진의 은자隱者였던 도연명의 『도화원기桃花源記』에서 유래합니다. 이 책은 한 어부가 길을 잃고 헤매다가 신선과도 같은 이들이 은거해

「몽유도원도」의 발문

서 사는 유토피아를 발견하고, 그 모습을 그린 산문입니다.

동아시아사의 유토피아, 도원

안평대군의 꿈을 그린 안견도 독특한 인물입니다. 언제 태어나 언제 세상을 떠났는지 전혀 알 수 없는, 그야말로 전설과도 같은 화가였습니다. 다만 그는 충남 서산 지곡 출신으로, 현재 서산에 그의 업적을 기리는 안견기념관이 있습니다. 안견기념관에 가면 복제한 인쇄물영인본이지만 실제 크기와 같은 「몽유도원도」를 볼 수 있습니다. 아, 원본은 안타깝

「몽유도원도」의 그림 부분

게도 일본 덴리 대학 중앙도서관에 있습니다.

「몽유도원도」는 가로로 그려진 그림입니다. 세로 38.7센티미터, 가로 106.5센티미터의 비단에 수묵 담채로 그려진 이 그림은 오른쪽에서 왼쪽으로 그리던 당시 관행을 깨고, 파격적으로 왼쪽에서 시작하여 오른쪽에서 마무리됩니다. 크게는 2단계, 세부적으로는 4단계로 그림이 설정되어 있는데, 현실 세계와 도원을 구분한 것입니다. 그리고 더 세부적으로는 그 도원의 세계, 즉 복숭아꽃 만발한 그곳으로 들어가는 입구와 통과 후 시작하는 도원의 세계를 가르면 전체적으로 4단계로 보입니다. 현실에서 도원의 입구를 지나 진짜 이상향의 세계에 도달하는 과정을 한 폭에 모두 담은 것입니다.

대각선 구도의 「몽유도원도」

꿈속의 세계를 강조하기 위해서인지 도원의 산들은 흐릿한 기억만

186

서울시 종로구 부암동에 있는 안평대군 이용 집터에는 '무계동'이라는 글씨가 새겨진 바위가 있다.

큼 흔들리고 날아갈 듯 가벼워 보이기조차 합니다. 중국 화원의 영향을 받아서 쓰러질 듯한 산과 울퉁불퉁 돌기가 솟은 듯한 표현이 느껴집니다. 그리고 그 안의 복숭아꽃 나무는 보는 사람들의 부러움을 자아낼 정도로 한껏 아름다움을 뽐내고 있습니다. 시선은 왼쪽에서 오른쪽으로 올라가는 대각선 구도를 따라 자연스럽게 도원으로 향하게 됩니다. 산 아래의 길은 터널처럼 끊어진 듯 이어져 있으며, 전체적으로 고요하면서도 자연과 어우러진 이상적인 세계가 펼쳐집니다.

안평대군은 꿈속에서 본 광경과 은자들의 모습이 눈에 선하여 그림으로 그려 천년을 이대로 전하고 싶다는 소망을 시로 남겼습니다. 그리고 4년 뒤에 마침내 「몽유도원도」와 유사한 곳을 찾아냅니다. 백악의 서북쪽 지역, 즉 오늘날 종로구 부암동 쪽인데요. 이곳에 '무계정사'라는 이름의 별장을 짓습니다. 그러나 시간은 그를 기다려 주지 않습니다.

2년 뒤인 1453년, 안평대군은 세종의 둘째 아들이자 바로 위의 형이었던 수양대군이 일으킨 계유정난癸酉靖難으로 목숨을 잃게 됩니다. 안평대군이 김종서 등과 모의하여 단종端宗, 재위 1452~1455을 몰아내려 했다는 죄목으로 말이지요. 이후 수양대군은 1455년에 단종으로부터 선위宣威, 임금 자리를 물려줌의 형식으로 즉위하지만, 정작 단종을 밀어낸 것은 수양대군, 즉 세조世祖, 재위 1455~1468였습니다. 그리고 안평대군과 함께 꿈속에서 도원을 거닐었던 박팽년은 1456년 사육신의 한 사람으로 세상을 떠나게 됩니다. 안평대군과 안견 그리고 박팽년을 비롯한 조선 전기 최고의 문인들이 종합적으로 완성한 「몽유도원도」. 그 진작眞作을 언젠가 직접 보기를 고대합니다.

29

분청사기,
15세기 조선의 얼굴

국립 중앙박물관에 가면 흔히 1층 상설 전시실부터 관람하는데, 오늘은
3층 조각·공예관으로 향해 봅시다. 왜냐고요? 그곳에 조선 전기, 자기
공예의 정수인 분청사기가 전시되어 있기 때문입니다. 여기에서는 여
러분 머릿속에 도식화된 '고려=청자'와 '조선=백자'라는 고정관념을 한
번 깨어 볼까 합니다.

고려 백자, 조선 청자 그리고 분청사기

분청사기는 고려 말부터 조선 전기, 즉 16세기까지 유행한 자기입

고려 백자 분합(왼쪽)과 조선 청자호(오른쪽)

니다. 그런데 왜 사기라고 할까요? 자기가 곧 사기그릇입니다. 둘 다 같은 뜻이지요. 청사기, 즉 청색 계통의 자기에 흰 흙을 7가지 방식으로 장식한 그릇이 분청사기입니다. 여성이 얼굴에 하얀 분을 바르는 것에 착안하여 '분장회청사기'라고 명명된 것을 줄여 표현한 것입니다. 그럼 '분청자'라고 해도 될까요?

네, 됩니다. 청자를 만드는 흙과 분청사기의 흙은 같은 성분이니까요. 분청사기의 흙이 질적으로 조금 떨어지기는 합니다. 결국 분청사기라고 하여 청자나 백자와 전혀 다르거나 갑자기 튀어나온 발명품은 아닙니다. 역사가 연속성을 가지듯 예술도 연속성을 가지며 동시에 기존 상황을 극복하면서 새 예술품이 탄생하게 되니까요.

분청사기는 전국적으로 생산되었으며, 수요자도 왕실부터 일반 백성까지 폭이 매우 넓었습니다. 그만큼 당시 필수품이자 애용품이었던 것이지요. 고려 말 왜구의 노략질로 전라도 부안이나 강진 등 기존 청자를 생산하던 곳이 크게 훼손되면서 도공들은 이를 피해 내륙으로 이주

합니다. 그 결과 15세기에는 전국 각 군에서 자기가 제작되었으며, 여기에 백토를 입히는 다양한 예술적 기법이 더해지면서 분청사기는 조선 전기의 일상 용품이자 예술품으로 거듭나게 되었습니다. 아, 혹여 너무 고정관념에 사로잡힌 여러분을 위해 말씀드리면 이미 고려 시대에 청자를 만들던 곳에서 소량의 백자를 꾸준히 만들었으며, 조선에서는 거꾸로 17세기까지 청자를 제작했습니다. 고려 백자, 조선 청자도 분명히 존재합니다.

자유분방·단순한 문양의 독창적인 아름다움

조선 전기, 특히 세종 때는 누구나 인정하듯 정치적 치세를 바탕으로 민족 문화가 발달한 시기입니다. 이런 시대적 배경을 바탕으로 당시 도공들도 치밀한 완성도보다는 좀 더 다양한 기법을 활용하여 자유로운 양식을 창출해 냅니다. 귀얄 방식붓으로 빠르고 힘차게 바르는 기법으로 완성된 '분청사기 귀얄문 병'을 봅시다. 새하얗고 매끄러운 백자만 보다 이 병을 보면 만들다 만 것 같은 느낌도 듭니다. 그러나 도공이 자연스러운 필치를 영원히 남기고 싶어 했다면, 그 마음이 고스

분청사기 귀얄문 병

분청사기 조화어문 편병(왼쪽)과 분청사기 인화문 발(오른쪽)

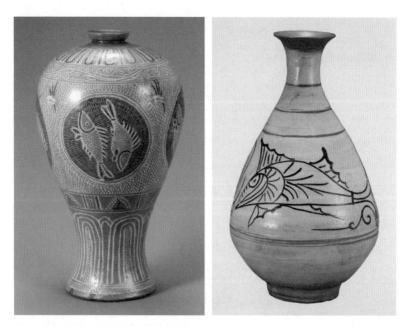

분청사기 상감어문 매병(15세기, 왼쪽)과 분청사기 철화어문 병(15세기 후반~16세기, 오른쪽)

란히 새겨졌다고 볼 수 있지요.

조화 기법조각칼로 매우 단순한 문양을 새기는 방식을 활용한 국보 178호 '분청사기 조화어문 편병'을 한번 볼까요? 몸체 양쪽 면을 최대한 납작하게 만들어 물고기 두 마리를 시원하게 새겨 놓았는데요. 아직 조각칼에 서툰 아이가 새긴 것 같지만 매우 현대적인 조형미를 뿜어내고 있습니다. 여기 새겨진 물고기는 알을 많이 낳으므로 다산을 상징하거나, 뜬 눈으로 잠을 자는 습성에 착안해 과거 급제를 위해 공부하거나 불교의 해탈을 위한 수련을 의미한다고 합니다.

세종과 세조 때에 유행한 기법으로 도장을 활용하여 그릇 전체에 눌러 찍음으로써 같은 문양을 반복적으로 만들어 내는 인화 방식이 있습니다. '분청사기 인화문 발'을 보면 동일한 무늬가 패턴화되어 나타나는 방식이 독특합니다. 고려 상감청자와의 연속성을 확인하면서도 개성적으로 변해 가는 모습은 '분청사기 상감어문 매병'에서 확인할 수 있습니다. 전형적인 매병의 모습을 하면서도 동심원 속에 서로 반대 방향의 물고기 두 마리와 그 주변에 인화 방식으로 새긴 동심원과 학을 꾸며 놓았습니다. 분청사기가 새로운 것이 아니라 청자에서 좀 더 예술적 기법이 다양하게 변화하고 있음을 알 수 있는 과도기 형태지요.

덤벙 기법 등 다양한 실험 정신 발휘

'분청사기 철화어문 병'은 앞에서 언급한 붓 자국이 남아 있는 귀얄 위에 산화철로 물고기 등을 그려 또 다른 시각적 효과를 자아낸 작품입니다. 15세기 후반에서 16세기에 유행한 이 방식은 시원한 붓질과 추상적 그림이 어우러지는 표현을 드러내고 있지요. 결국 분청사기의 힘은 자유분방함과 다양한 실험 정신에서 나오는 것이라고 할 수 있습니다. 그동안 청자와 백자만 알고 있었다면 우리 도자기의 또 다른 예술적 면모를 여러분이 확인할 수 있을 것입니다.

물론, 조선의 백자를 빼고 분청사기를 설명할 수 없습니다. 중국 명나라에서 백자, 특히 청화백자가 들어오면서 분청사기는 서서히 내리막길을 걷게 됩니다. 당연히 왕실에서 백자를 선호하였기 때문이지요. 도공들은 분청사기를 백자처럼 보이도록 말 그대로 백토 물에 '덤벙' 담가보기도 하여, 일명 덤벙 기법의 분청사기를 제작하기도 합니다. 그러나 눈부시게 하얀 백자에 코발트 안료로 칠한 청색의 멋진 청화백자의 등장으로 이제 분청사기는 사라지게 됩니다. 그 대신 현대인의 마음속에 자유롭고 단순한 아름다움으로 영원히 남게 되었습니다. 15세기, 조선의 얼굴 바로 분청사기였습니다.

30

조선,
서원과 향약의 나라

언뜻 보면 맞배지붕의 정면 세 칸 한옥 건물인데, 자세히 보니 맨 끝 한 칸만 방이고 나머지는 정자처럼 텅 빈 마루입니다. 참 독특하면서도 운치가 있다 싶었는데, 그 이름도 한눈에 들어옵니다. 지락재至樂齋, 즉 지극한 즐거움을 누리는 방이랍니다. 이곳에서 누리는 더할 나위 없는 즐거움이란 무엇일까요? 그것은 바로 우주의 이치와 인간의 본성을 탐구하는 학문, 즉 성리학을 공부하는 것입니다. 공부하는 즐거움이 최고의 즐거움이라는 것이지요. 16세기 조선, 이제 선비들은 지방 사립대라고 할 수 있는 서원을 세우고 성현聖賢에 대한 제사와 성리학을 배우며 이를 통해 세상을 바꿔 보려 합니다.

우리나라 최초의 서원, 소수서원

지락재는 학구재學求齋와 함께 경북 영주의 소수서원 안에 있는 아담한 공부방입니다. 소수서원은 1541년 중종中宗, 재위 1506~1544 때에 풍기 군수인 주세붕周世鵬, 1495~1554이 세운 우리나라 최초의 서원입니다. 당시 그는 우리나라에 처음으로 성리학을 소개한 이곳 출신 안향安珦, 1243~1306을 기리며 소수서원에 그의 신주를 모셨습니다. 이곳은 학문 연마의 장으로 발전하였으며, 특히 퇴계 이황이 풍기 군수로 부임하면서 서원을 널리 인정받고 알리려는 뜻으로 명종에게 사액서원을 건의합니다. 사액서원賜額書院이란 왕이 현판과 서적 등을 내려 주고, 토지와 노비 등을 지급하면서 세금도 면제해 주는 특권을 하사하는 것입니다.

주세붕이 이곳에 붙인 이름은 원래 '백운동 서원'이었습니다. 중국에서 성리학을 집대성한 주희가 여산 아래 세운 '백록동 서원'과 매우 유사한 이름이지요. 그러다 이황의 건의로 명종明宗, 재위 1545~1567이 '소수서원紹修書院'이라고 직접 써서 하사한 것입니다. 학문을 다시 이어 연구하는 곳이라는 뜻입니다.

이후 이곳에 서원은 계속해서 생기게 됩니다. 특히 향촌에서 성리학을 가르치며 이를 향촌 사회에 뿌리내리도록 노력한 사림파가 이곳에서 뭉치면서, 이 지역 사회를 성리학적 예법으로 교화시키려 하였지요. 오늘날과 비교해 보면 풀뿌리 민주주의, 즉 지방자치제를 당시엔 지배층이었던 양반이 서원을 중심으로 성리학적 향촌 자치를 시도한 것이지요. 물론 서원만으로는 부족하였습니다. 서원은 성현에 대한 제사와 학문 연구를 주로 담당하는 곳이니까요. 아, 이곳엔 기숙사도 있어 소수서

소수서원 안에 있는 지락재(위)와 학구재(아래)

명종이 직접 글씨를 써서 하사한 소수서원 편액

소수서원 안에 있는 선비의 숙박 공간인 직방재

원처럼 그 안에 일신재日新齋와 직방재直方齋라는 선비들의 숙박 공간을 두
기도 했습니다.

퇴계 이황과 율곡 이이가 강조한 향약

그렇다면 무엇으로 서원의 부족한 면을 채우며, 향촌에 살고 있는
평민들을 유교적으로 교화해 나갈 수 있었을까요? 바로 '향약鄕約'입니
다. 향약은 말 그대로 향촌 사회의 자치 규약입니다. 그런데 유교적 가치
관을 담고 있지요. 주희, 즉 주자는 북송 대에 유학자 여 씨 4형제가 실시
한 이른바 '여씨향약呂氏鄕約'을 소개하면서, 이것을 성리학적 향촌 질서
를 만들어 가는 실천 규범으로 간주하였습니다. 여러분도 알고 있는 '덕

업상권德業相勸, 좋은 일은 서로 권하여 장려해야 함', '과실상규過失相規, 잘못을 저지르지 않도록 서로 규제해야 함', '예속상교禮俗相交, 서로 사귈 때에는 예의를 지켜야 함', '환난상휼患難相恤, 어려운 일이 생겼을 때 서로 도와야 함'이 바로 그 여씨향약의 4대 강목입니다. 이를 우리나라에 도입하려고 노력한 이는 기묘사화己卯士禍●로 세상을 떠난 중종 때의 유학자 조광조趙光祖, 1482~1519입니다.

　조선 중기 기득권 세력이었던 훈구파에 대항하여 성리학적 도덕정치를 주장한 사림파는 한때 조광조처럼 사화로 목숨을 잃기도 했지만, 결국 중앙 정계는 물론 지방까지 자신들의 의도를 관철시켜 나갑니다. 특히 16세기 후반부터 사족이 주도한 향약은 기존의 전통적인 미풍양속과 자연스럽게 결합되면서 조선을 성리학적 유교 사회로 재편하는데 큰 역할을 합니다. 퇴계 이황李滉, 1501~1570은 향약을 어기는 사람은 하늘의 뜻을 거역하는 백성이라고 규정할 정도였지요. 실제 그는 '예안향약禮安鄕約'을 시행하면서 가장 기본적인 가족의 도리를 어지럽힌 사람은 벌을 주도록 하였습니다. 율곡 이이李珥, 1536~1584는 오늘날 청주 지역에서 '서원향약西原鄕約'을 시행하면서 평민들도 쉽게 지킬 수 있도록 선악을 명확하게 나누었습니다. 부모에게 효도하고 형제 간에 우애가 있으며 친구 간에 화목하고 이웃과 사이좋게 지내는 것이 곧 선행입니다. 반대 행위는 당연히 악행이지요. 이렇게 누구나 수긍할 수 있으면서도 자연스럽게 유교적 덕목, 즉 삼강오륜三綱五倫의 내용이 결합되도록 유도함으로써 유교 윤리가 확산되는 데 크게 기여한 것입니다.

● 중종 14년(1519)에 훈구파 재상들에 의해 급진적 개혁을 추구하던 조광조 등 사림 세력이 축출되었다. 훈구파는 조선 세조 즉위 과정에서 공을 세운 관료들로, 고위 관직을 독점하고 대토지를 차지하였다. 사림파는 15세기 중반 이후 성장한 지방 사족으로, 중소 지주가 대부분이었다. 이들은 도덕과 의리를 바탕으로 한 왕도 정치와 향촌 자치를 주장하였다.

성리학의 확산을 가져온 서원과 향약

이렇게 서원과 향약을 통해 향촌 사회를 바꿔 갔던 이들은 사림파입니다. 이들의 뿌리는 원래 고려 말 조선 건국에 반대하거나 참여하지 않은 정몽주, 길재 등이었습니다. 그 제자들이 중앙 정계로 나아가지 않고 충절을 기본으로 성리학적 학문 탐구와 수양을 하면서 향촌 사회에서 자신들이 배운 대로 실천하며 향촌 자치를 이뤄 냈던 것이지요. 그것이 16세기 이후 조선 자체를 바꾸는 힘이 되었던 것입니다.

물론 한계나 폐단이 없었던 것은 아닙니다. 사림 세력이 향약을 통해 향촌에서 재판권을 행사하거나 국가 권력과 마찰을 빚는 경우도 있었습니다. 또한 서원은 17세기 이후 붕당정치219쪽 참조가 극단으로 치달으며 파벌 정치의 근거지가 되기도 하였습니다. 그럼에도 불구하고 이 서원과 향약이 있었기에 조선은 지속적인 유교 정치와 함께 성리학적 규범을 바탕으로 한 사회를 유지할 수 있었습니다.

31
이순신,
일본군의 기세를 꺾다

1592년에 발발한 임진왜란은 도요토미 히데요시[豊臣秀吉]에 의해 시작되었고, 그가 죽음으로써 막을 내렸습니다. 그런데 우리 입장에서 임진왜란이 시작되기 1년 전부터 전쟁을 예감하고 준비한 인물이 있었습니다. 도요토미 히데요시 사후 물러가는 일본군에 결정타를 가한 인물, 그러나 전쟁터에서 안타깝게 산화한 영웅. 바로 23전 23승을 올린 성웅 이순신李舜臣, 1545~1598입니다.

조선의 상식을 실천한 이순신

이순신에 대해 말할 때마다 저는 이순신이 조선의 상식을 곧이곧대로 실천한 인물이라는 점을 꼭 강조합니다. 그는 전라 좌수사로 임명되기 전, 한때 함경도에서 여진족을 물리치다 중과부적衆寡不敵, 적은 수효로 많은 수효를 대적하지 못함으로 밀리게 됩니다. 상관에게 추가 병력 지원을 요청하지만 상관이 이를 묵살했고, 나중엔 적장을 죽였음에도 불구하고 첫 번째 백의종군白衣從軍, 벼슬 없이 군대를 따라 싸움터로 감을 당하게 됩니다. 그러나 그는 이 상황에서 거리낌 없이 당시 문제점을 조목조목 지적하면서도 그 백의종군을 받아들입니다. 그것이 나라를 위하는 길이었기 때문이죠.

어릴 적 친구였던 재상 유성룡柳成龍, 1542~1607이 그를 늘 칭찬하고 추천하자, 당대 최고의 학자이자 정치가였던 율곡 이이가 그를 만나기를 청합니다. 그때도 이순신은 같은 문중덕수 이 씨이지만 율곡 이이가 당시 이조판서, 즉 인사권을 좌지우지하는 상황이라 만나지 않습니다. 같은 문중이라 출세하게 된다는 둥 괜한 오해를 살 수 있었으니까요.

임진왜란 중 무신 원균元均, 1540~1597의 오판과 모함, 그리고 일본군의 모략으로 옥에 갇히고 두 번째 백의종군을 하게 될 때는 상황이 매우 심각했습니다. 마침 그의 어머니도 세상을 떠났기 때문이죠. 그는 억울함과 슬픔을 모두 가슴에 안고 전쟁터로 향합니다. 그것이 그가 지켜야 할 상식선이었으니까요.

1598년에 노량해전에서 전사한 순간에도 그는 "싸움이 급하니 내가 죽었다는 말을 삼가라"고 했습니다. 아직 전쟁이 남아 있었기 때문이죠.

'통영 한산도 이충무공 유적'은 임진왜란 때 이순신 장군이 왜군을 크게 무찌른 한산도대첩을 기념하기 위하여 만들어진 역사적 장소다.

그렇다면 이순신은 상식선 이상의 지략을 가지고 있었을까요? 전쟁 중 영의정에 오른 유성룡이 남긴 『징비록』에는 그가 기풍이 있고, 남에게 구속받지 않으려고 한다는 기록이 있습니다. 저는 이 구절을 접하면서 그가 전략과 전술을 세우는 데도 매우 능수능란하게 다양한 방법을 구사했을 것이라고 여깁니다.

우리는 이순신의 20여 차례 승리 중 대표적인 것을 나열해 아는 정도입니다. 그런데 이를 비교해 보면 그의 지략이 어땠는지 금세 알아차릴 수 있을 것입니다. 그럼, 여기에서는 가장 회자되는 '한산도대첩'과 '명량해전'을 비교해 볼까요?

한산도대첩 vs 명량해전

한산도대첩은 1592년에 한산도 앞바다에서 왜선 73척을 대파한 것으로, 이순신은 지형적으로 좁고 암초가 많은 경남 거제의 견내량으로 왜선을 유인해 격멸하였습니다. 반면 명량해전은 상황이 다릅니다. 1597년 정유재란 때 삼도경상·전라·충청 수군통제사였던 원균이 적의 유인 술에 빠져 거제 칠천량에서 전멸된 직후, 이순신은 남은 배 13척만 가지고 서해로 진출하려는 왜선 133척을 막아 내야 하는 절체절명의 상황이었습니다. 이번에는 한산도대첩과 달리 전남 진도와 육지 사이의 해협인 명량에서 오직 일자진을 형성해 일본 수군의 통과를 막아 내야 했습니다. 전혀 반대의 상황에서 이순신은 한산도대첩 때 학익진鶴翼陣, 학이 날개를 편 듯이 치는 진형을 통해 유인에 속은 왜선들을 겨냥해 각종 총통으로 무너뜨렸습니다.

1597년 7월 23일에 선조가 전라좌도수군절도사 겸 삼도수군통제사 이순신에게 밀부 제7부를 내리는 유서다.

명량해전에서는 13척의 배만으로 막아 내야 하는 상황에 이순신이 최선두에 서서 왜선에 맞서는 한편, 급변하는 조류를 활용해 이를 감지하지 못한 왜선의 진형과 대오가 무너지는 틈을 놓치지 않고 공격하였습니다. 또한 적장을 죽임으로써 왜의 사기를 꺾고 각종 총통을 쏘면서 결국 승리를 일궈 냅니다. 정반대의 상황에서 지리를 활용하고 적의 약한 점을 찾아내 공격하는 것, 그것이 바로 승리의 원동력이자 이순신의 남다른 지략이라고 할 수 있습니다.

이순신이 광해군과 인조 때도 살아 있었다면

이 외에도 원균과 달리 이름 없는 병사들 한 명 한 명을 가족처럼 여기며 그들을 똘똘 뭉치게 한 점, 그리고 그들이 승리를 위해 쏟아 낸 각종 군사적 아이디어를 수용할 줄 아는 포용력까지 그는 분명 상식 이상의 지혜와 포용력을 발휘합니다. 그 작품이 바로 거북선이라고 할 수 있죠. 앞서 언급했듯 문헌상 조선 3대 왕인 태종 때도 거북선은 이미 존재했습니다. 그런데 이를 더욱 활용해 뛰어난 전투선으로 거듭나게 한 것은 이순신이자 그 휘하의 군관 나대용羅大用, 1556~1612 등이었습니다. 문헌상의 한계로 거북선이 확실히 철갑선인지 아닌지는 아직 단언할 수 없습니다. 그러나 핵심은 거북선이 기존 판옥선板屋船, 널빤지로 지붕을 덮은 전투선의 단점을 보완했으며, 매우 빠르게 그리고 매우 가까이 적선에 접근해 치명적인 타격을 가할 수 있다는 것입니다.

역사에 '만약에'란 없지만, 저는 마지막으로 이런 가정을 해 봅니다.

거북선 모형

만약에 이순신 장군이 노량해전에서 전사하지 않고 살아 있었다면 광해
군은 물론 인조 때까지 조선의 국방력이 더욱 탄탄해졌을 것이고, 훗날
병자호란丙子胡亂, 213쪽 참조 같은 치욕은 없었을 텐데 하고 말이죠. 이미 함
경도에서 기병이었던 여진족을 물리친 경험과 임진왜란에서 거북선을
이끌고 왜 수군을 막은 경험이 있었기에 말이에요. 반대로 그 경험과 군
사력을 이후에 제대로 살리지 못한 것이 어쩌면 결국 17세기 또 한 차례
전쟁의 소용돌이에서 벗어나지 못한 원인인지도 모르겠습니다. 상식과
지략의 실천, 이순신 장군이 후대에 준 가르침을 제대로 깨우쳐야 할 것
입니다.

32

광해군의
두 얼굴

전란으로 피폐해진 조선을 다시 일으키고 실용적 외교 노선으로 나라를 지킨 위대한 군주인가, 아니면 인륜을 어기고 무리한 토목 공사로 나라를 망친 폭군인가? 조선의 역대 왕 중 오늘날까지 가장 상반된 평가를 받는 왕이 있습니다. 그는 너무나 정반대의 민낯을 역사에 고스란히 남겼습니다. 그래서인지 역설적이게도 우리는 그로 인해 한국사를 단지 위인전의 나열이 아니라 생각하고 고민해 볼 수 있는 좋은 기회를 만나게 됩니다. 두 얼굴의 사나이, 바로 조선 15대 왕이자 연산군燕山君, 재위 1494~1506과 함께 '군'으로 역사에 영원히 남은 광해군光海君, 재위 1608~1623입니다.

위대한 군주 vs 패륜적 폭군

광해군은 선조宣祖, 재위 1567~1608의 둘째 아들이자 후궁의 자식이라, 사실 조선의 예법을 엄밀히 적용하면 왕이 될 수 없습니다. 바로 위에 형인 임해군이 있었고, 자신보다 9살이나 어린 왕비인목대비가 낳은 영창대군이 적자로 존재했기 때문이지요. 객관적으로 보면 서자인 광해군이 왕이 되기에 무리인 것처럼 보이지만, 이미 임진왜란 때 광해군은 선조를 대신해 조정을 이끌던 왕세자였습니다. 이른바 '분조分朝' 활동이라 하여, 의주와 평양에 있었던 선조를 대신해 조정을 쪼개 전쟁 상황에서 국가를 이끈 것이지요. 광해군은 전국을 돌며 민심을 달래고 군량을 모았으며, 한편으론 의병 활동을 펼치던 유생들과 뜻을 함께합니다. 이때 남명 조식曺植, 1501~1572의 제자인 정인홍 등과 자연스럽게 만나게 되는

경기도 남양주에 있는 광해군과 문성군부인 유 씨의 무덤

데, 훗날 이들이 곧 북인 집권 세력이 됩니다. 이렇게 전쟁 속에서 국가를 이끈 경험을 바탕으로, 광해군은 재위 15년 동안 나름대로 국가를 재건하기 위한 정책을 펼칩니다.

특히 이원익李元翼, 1547~1634의 건의를 받아들여 조선 중기 이후 문제가 되었던 공납의 폐단을 바로잡기 위한 대동법을 시행합니다. 대동법은 공물로 내는 특산물을 쌀로 내는 것입니다. 비록 경기도에서만 시범적으로 시행했지만, 당시 농민들이 가장 힘겨워 하던 공납을 전세화하면서 백성들의 부담을 크게 줄여 줍니다. 또한 허준이 『동의보감』을 편찬하도록 하였으며, 전란을 거치며 불타 버린 여러 서적을 재간행합니다. 대외적으로는 일본 에도[江戸] 막부의 요청을 받아들여 외교가 재개되면서 광해군은 선조의 뒤를 이어 조선 통신사를 파견합니다.

나라의 안위를 지킨 중립 외교 vs 배은망덕한 외교술

무엇보다 광해군이 재평가받는 정책은 그의 외교 전략입니다. 이른바 '중립 외교'라고 불리는 이 정책은 당시 국력이 쇠퇴해 가던 명나라와 신흥 강국으로 등장한 누르하치의 여진족이 세운 후금 사이에서 광해군이 조선의 안위를 지키는 외교 노선을 선택한 것입니다. 그러나 상황은 간단치 않았습니다. 명나라는 임진왜란 당시 조선에 원군을 보내주었는데, 이번에는 반대급부로 조선이 명을 도와 후금을 치는 전쟁에 함께하기를 원한 것이지요. 사실 이를 외면할 명분은 없었습니다. 다만 우리 상황이 전란을 겪은 지 얼마 되지 않아 또다시 전쟁을 하거나 혹여 후금이 우리나라로 침략하면 물리치기 버거운 상황이기에 매우 부담이 된 것이지요.

1619년 광해군은 명과 후금의 심하深河, 만주 지역 전투에 강홍립姜弘立, 1560~1627을 중심으로 한 대명지원군 1만 3,000명을 파견합니다. 이때 광해군은 비밀리에 강홍립을 불러 상황을 잘 파악하여 판단할 것을 명합니다.

강홍립은 명이 전투에서 밀리자 전투에 직접 개입하여 명을 도와주는 것이 아니라 후금에 투항하는 길을 선택합니다. 이는 명을 도와준 명분을 세우면서도 한편으로는 후금을 자극하지 않는 방식이었지요. 그러나 명은 조선이 일부러 항복했다는 의심을 하게 되었으며, 조선 내부에서도 특히 서인을 중심으로 이러한 중립 외교에 반발하게 됩니다. 조선이 다시 일어설 수 있도록 도와준 은혜를 저버린, 배은망덕한 행위라는 것입니다. 여기에 더하여 1614년 8살밖에 되지 않은 이복동생 영창대군을 죽이고, 1618년 인목대비를 유폐시킨 이른바 '폐모살제廢母殺弟'까지 더하여 광해군은 성리학적 가치에 반하는 반인륜적 행위와 정책을 펼치는 폭군으로 몰립니다.

오늘 우리에게 역사적 과제를 던지는 광해군

1623년에 광해군과 북인 정권은 인조반정*으로 무너집니다. 그는 강화도로 유배되었으며, 나중에는 제주도로 유배되었다가 1641년에 세상을 떠납니다. 광해군은 결국 묘호廟號, 임금이 죽은 뒤에 생전의 공덕을 기리어 붙인 이

경희궁 숭정전 전경

름를 갖지 못했으며, 영원히 '군'으로 남았습니다. 재위 15년, 그의 정책은 당시는 물론 지금까지도 극과 극의 평가를 받고 있습니다. 『인조실록』에는 광해군이 배은망덕해 오랑캐에게 성의를 베풀었다고 기록되었듯 그의 외교 정책은 실패하였고, 그가 경덕궁經德宮을 새로 짓는 등 무리한 토목 공사를 벌여 임진왜란 이후 무너진 조선을 일으키기보다 자신의 안위와 권력을 드높이는 일에만 전념했다는 평가가 분명히 존재합니다. 반면, 광해군의 중립 외교는 강대국 틈바구니에서 우리가 나아갈 해법을 제시했으며, 광해군의 개혁 정책과 민생 안정책은 당시에도 매우

• 1623년 서인 세력은 광해군의 중립 외교와 인목 대비 폐위 사건 등을 이유로 광해군을 몰아내고 새 왕으로 인조를 추대하였다. 북인은 주로 남명 조식의 학통을 계승한 경남 지역의 유생들로, '의(義)'를 강조하였다. 정인홍을 중심으로 형성되었고, 임진왜란 당시 주로 의병장으로 활동하였으며, 광해군과 정치적 인연을 맺었다. 서인은 율곡 이이와 성혼의 학통을 계승한 학자들로, 명문가 또는 경기도 및 황해도 남부와 충남 북부 지방의 유생들이 주를 이루었다.

유효했다고 보는 긍정적 평가도 공존하고 있습니다. 심지어 사극에서 주인공으로 몇 차례 등장하면서 광해군을 다시 보려는 시각이 매우 다양하게 나타나기도 했지요.

여러분에게 광해군은, 그리고 그의 중립 외교를 비롯한 각종 정책은 어떻게 보이나요? 한국사를 바라보며 자신만의 시각을 갖는 것, 그리고 현재에도 유효한 역사적 교훈을 찾아보는 것, 그것이 오늘날 광해군이 우리에게 던진 역사적 과제는 아닐까요?

33
1636년 겨울, 남한산성에서 무슨 일이 있었나?

서울에서 동남쪽으로 20여 킬로미터 떨어진 곳에 세계 문화유산으로 등재된 남한산성이 있습니다. 이곳은 불편하지만 반드시 마주쳐야 할 안타까운 역사를 간직한 곳입니다. 특히 1637년 1월 30일 조선의 16대 왕인 조仁祖, 재위 1623~1649가 이 산성의 서문으로 나와 청나라 2대 황제인 홍타이지[皇太極]에게 항복하기 위해 삼전도로 향했습니다. 1636년 겨울에 발발한 병자호란 또는 병자 전쟁의 결과, 조선은 청에 굴복하고 말았습니다. 조공-책봉 관계를 받아들일 수밖에 없었던 것이지요.

두 번의 전란, 그리고 인조의 선택

한 국가의 최고 통치자를 평가할 수 있는 요소로, 저는 크게 세 가지를 들고 싶습니다. 통치 철학과 권력 의지, 그리고 민생 안정인데요. 광해군을 축출하고 반정을 단행한 인조와 서인 세력은 앞의 두 가지는 명확했습니다. 앞에서도 언급했듯 인목대비를 폐하고, 영창대군을 죽였으며 '친명배금親明排金, 명나라와 친밀하고 금나라를 배척함'을 저버린 광해군의 정치 행위는 성리학적 가치에 반하는 것이었습니다. 따라서 반대로 인조와 서인은 정치적 정당성과 그에 기반한 권력 의지를 실천할 수 있었습니다. 문제는 마지막이었지요. 과연 인조가 광해군보다 더 개혁적인 정책을 실시하고 민생을 안정시켰는가 하는 부분에서 평가가 갈릴 수 있습니다. 특히 그 평가의 핵심에 바로 병자호란이 있습니다. 인조는 다수의 농민이 임진왜란 이후 궁핍해지고 농경지는 황폐화된 것을 감안해 풍년이건 흉년이건 상관없이 토지세를 1결당 4~6두로 고정해 징수하는 영정법을 실시했습니다. 그리고 광해군이 실시한 대동법을 강원도로 확대 실시했지요.

그러나 이런 민생 안정책에도 불구하고 1627년 정묘호란丁卯胡亂과 1636년 병자호란丙子胡亂을 통해 전쟁의 참화를 다시 겪어야 했으며, 특히 병자호란으로 인해 남녀노소를 불문하고 많은 이들이 사망하거나 포로로 잡혀 머나먼 이국으로 끌려가기까지 해야만 하는 참혹한 상황이 발생했습니다.

그렇다면 왜 이런 일이 발생할 수밖에 없었을까요? 이미 조선 전기에 기병 중심의 여진족과 싸운 경험도 있고, 임진왜란을 통해 명의 대포

경기도 광주시에 있는 남한산성

와 왜의 조총 기술을 수용했는데 말이죠. 우리는 그것을 왜 제대로 활용도 못했을까요? 먼저 외교적으로 인조와 서인 세력은 친명배금 정책을 일관되게 유지하면서 만주족여진족의 후금훗날의 청 왕조을 자극하게 됩니다. 또한 후금은 중국을 차지하기 전에 먼저 자신의 배후에 있는 조선이 계속 걸렸기 때문에 확실하게 조선을 장악하는 방법을 선택한 것입니다.

후금의 기병에 속수무책으로 당한 조선

만주족은 기본적으로 기병 중심입니다. 그 군사의 수는 사실 명나라 군대에 비하면 매우 적었습니다. 단, 최대한 속도전을 활용해 상대를 제압하는 기병술이 매우 일사불란하게 준비돼 있었지요. 홍·황·백·남색의 네 가지 깃발과 여기에 테두리를 덧댄 네 가지 깃발을 추가, 그 아래 각각 기병을 편제하는 이른바 '팔기병'을 통해 속전속결 방식을 채택했습니다. 물밀듯이 밀려오는 이들을 상대하는 방법은 방어에 유리한 높은 산성에서 만주족의 움직임이 둔화된 틈을 타 대포와 활로 격퇴하는 것이지요. 그러나 만주족은 이미 우리의 지형과 산성 위치를 파악하고 수도 한성한양으로 직행합니다.

1627년 후금은 3만의 병력으로 조선을 침공합니다. 광해군을 위해 보복한다는 명분으로 일어난 전쟁이라고 해서 역사에서는 '정묘호란'이라고 부릅니다. 의주를 점령하고 황해도 일부까지 빠르게 내려왔습니다. 인조는 다급히 강화로 피신했고 각지에서 의병이 일어납니다. 특히 정봉수鄭鳳壽는 용골산성에서 만주족을 물리치고 포로로 잡힌 이들을 구출해 냈으며, 이립李立은 평안도 용천에서 의병 활동을 펼쳐 큰 공을 세우기도 했습니다. 결국 후금은 명과의 싸움에 집중하기 위해 조선과 형제 관계를 맺는 화의를 통해 물러갑니다.

병자호란과 삼전도비

그러나 1636년 12월, 국호를 '청'으로 바꾼 만주족은 10만 대군으로 조선을 침공합니다. 청의 선발대는 임경업의 백마산성을 피하며 파죽지세로 들이닥쳐 만주에서 출발한 지 10여 일만에 한양으로 들어옵니다. 인조와 조선 정부는 매우 충격에 빠졌고 강화로 피신하려 했지만, 청군에 의해 길이 끊기고 날도 추워 결국 남한산성으로 들어가 항전합니다.

청나라의 강압에 의해 조선은 인조가 무릎 꿇었던 곳에 삼전도비를 세웠다.

성 안에는 1만 3,000여 명의 군사와 50여 일을 견딜 수 있는 식량이 전부였습니다. 청군은 텅 빈 한양의 궁궐을 장악한 뒤 곧 한강을 건너 남한산성을 포위하지요. 추운 겨울, 외부의 의병과 지원군마저 모두 청군에 의해 패하고 식량마저 바닥나자 성 안에는 끝까지 싸우자는 김상헌 등과 같은 척화파와 우선 나라를 구하기 위한 임시방편으로 화의를 맺자는 최명길 등의 주화파로 나뉘집니다.

먼저 화친을 한 뒤 국력을 길러 청에 복수하자는 최명길의 주장이 우세해져, 인조는 1637년 1월 청의 황제 홍타이지와 화친을 맺는 의식을 받아들입니다. 그러나 그 방식과 내용은 매우 굴욕적이었습니다. 45여 일만에 남한산성에서 나온 인조는 오늘날 서울 송파구에 위치한 나루터 삼전도에서 무릎을 꿇고 청나라의 홍타이지에게 3번 큰 절을 하고 9번 머리를 조아리는, 이른바 '삼배구고두례三拜九叩頭禮'를 해야만 했지요. 이로써 조선과 청은 조공-책봉 관계를 맺게 됐습니다.

그리고 소현세자를 비롯한 신하와 백성들이 청에 끌려갔으며, 많은 이들이 고통 속에 신음하게 됐습니다. 그리고 2년 뒤인 1639년, 청의 강압으로 마지못해 조선은 인조가 무릎을 꿇었던 그곳에 청나라 홍타이지의 공덕을 새긴 비를 세우게 됩니다. 그것이 바로 지금까지도 남아 있는 삼전도비입니다.

34
붕당정치,
예송 논쟁으로 이어지다

○

병자호란 이후 조선은 어떻게 사회 질서를 회복시켜 나갔을까요? 한편에서는 병자호란의 치욕을 씻기 위한 북벌 운동이 추진됐으며, 또 한편에서는 성리학적 예법을 바로 세우려는 양반 지배층의 노력이 있었습니다. 그런데 문제는 뜻하지 않은 곳에서 발생하게 됩니다. 북벌을 추진하던 인조의 둘째 아들이자 형 소현세자를 대신해 조선을 통치하던 효종孝宗, 재위 1649~1659이 너무 일찍 세상을 떠난 것이지요. 그리고 조선은 붕당정치의 정점이라는 예송 논쟁으로 휘말려 들어갑니다.

어떤 예법에 따라 상복을 입을 것이냐

1659년 조선 17대 왕 효종이 세상을 떠납니다. 원래 그에게는 형이 있었죠. 바로 청나라에 함께 인질로 끌려갔다 돌아온 소현세자입니다. 소현세자는 청나라에 이미 소개된 서구 문물에 큰 관심을 가졌고, 이 중 일부를 가지고 귀국했습니다. 그러나 그는 삼전도의 굴욕을 당한 인조에게 오히려 외면당합니다. 그리고 소현세자가 의문의 죽음을 당하고 둘째였던 봉림대군, 즉 효종이 왕위를 계승합니다.

효종에게는 두 명의 걸출한 스승이 있었죠. 한 명은 퇴계 이황의 학통을 계승한, 가사 문학 「어부사시사」로 유명한 남인 계열의 윤선도尹善道, 1587~1671입니다. 또 다른 이는 율곡 이이를 계승하고 김장생에게서 예법을 배운 서인 계열의 우암 송시열宋時烈, 1607~1689입니다. 둘은 같은 성리학을 탐구했지만 학문적으로 미묘하게 갈라졌습니다. 주자의 성리학을 누가 더 제대로 이해하고 실천하는가 하는 부분에서 선의의 경쟁 구도에 놓이기도 했습니다.

그런데 효종이 40살의 이른 나이에 세상을 떠나고 나자 상복 문제로 본격적인 대립 구도를 형성하게 됩니다. 당시 현종顯宗, 재위 1659~1674이 왕위를 계승했지만,

우암 송시열 초상(국보 239호)

고산 윤선도가 살았다는 해남 윤 씨 녹우당 일원이다.

인조의 계비였던 자의대비 조 씨가 엄연히 살아 있어 예법상 나라의 큰 어른으로 존재한 것입니다.

따라서 얼핏 생각하면 자의대비가 3년 상을 치르며 그 기간에 상복을 입으면 될 것 같습니다. 하지만 그리 간단한 문제가 아니었습니다. 효종이 바로 인조의 둘째 아들, 즉 차자次子였기 때문입니다.

인조의 둘째 아들인 효종을 바라보는 두 시각

당시 서인의 영수領袖였던 송시열은 효종을 적장자嫡長子, 정실이 낳은 맏아들가 아니라 서자로 봤습니다. 물론 여기서 서자는 단지 첩의 자식만이 아니라 적장자를 제외한 나머지 모두를 가리키는 것이죠. 당연히 소현세자가 적장자이며, 이미 그가 의문의 죽음을 당했을 때 장례식에서 3년 상복을 입었으므로 둘째 아들인 효종에 대해 사대부 가문의 예법과 동일하게 1년 동안 상복을 입으면 된다는 것이었습니다.

이와 달리 윤휴尹鑴, 1617~1680 등 남인 세력은 비록 효종이 둘째 아들이었더라도 인조의 뒤를 이은 조선의 국왕이므로 일반 사대부의 예법을 따를 수 없으며, 따라서 3년 상복의 예를 갖춰야 한다고 반박하였습니다. 서인과 남인 모두 유교 경전 『의례』에 근거를 둔 주장이었는데, 첨예하게 대립하자 『경국대전』에 따라 적장자 여부를 따지지 않고 1년 상복을 입는 것으로 마무리됩니다. 그러나 곧 남인인 허목이 3년 상복 문제를 다시 제기하고, 윤선도가 서인이 효종의 정통성을 인정하지 않는다고 정치적 공세를 취하면서 오히려 정치적 논쟁 거리로 커지게 됩니다. 윤선도는 서인 세력의 탄핵을 받아 곧 유배지로 끌려가게 될 정도였습니다. 그는 81살이 되어서야 유배지에서 풀려날 수 있었습니다. 이

경기도 여주에 있는 효종 영릉(寧陵) 재실이다. 영릉은 효종과 인선왕후 장 씨의 능이며, 재실은 제사 기능을 수행하기 위한 능의 부속 건물이다.

것이 1차 예송 논쟁입니다. 현상적으로는 서인의 주장이 받아들여진 것이죠.

예송 논쟁은 여기서 끝나지 않았습니다. 1674년 효종의 비妃였던 인선왕후 장씨가 세상을 떠나자, 이번에도 자의대비의 상복 기간을 놓고 논쟁이 다시 벌어집니다. 서인은 여전히 효종 비를 왕후로 보기보다 둘째 아들의 부인, 즉 인조의 작은

	서인		동인	
선조	정여립의 모반 (사건 계기)		북인	남인
광해군	중립 외교		북인 정권	
인조	인조반정 친명배금		몰락	
효종	북벌 운동(송시열)			
현종	예송 논쟁 (서인↔남인)			
숙종	노론	소론	남인	
	환국 정치			
영조	탕평책 실시			

조선의 붕당정치 요약

며느리로 여기며 그에 맞는 9개월 상복설을 주장합니다. 남인은 이에 반발하며 왕실과 사대부의 예법이 다른데, 이를 동일시하는 서인을 공격하며 왕비의 예를 갖춰 1년 상복설을 주장합니다.

조선 성리학의 발전인가, 정치적 싸움일 뿐인가

2차 예송 논쟁은 지방 유학자에게도 크게 영향을 미쳐 조선의 지배층 대부분이 관심을 가지고 여론을 형성해 나갑니다. 결과는 현종이 남인의 주장에 손을 들어줘 1년 상복설이 받아들여집니다.

여기에 1차 예송 논쟁 판결도 뒤집혀 효종에 대한 상복도 3년으로

고쳐집니다. 결과적으로 남인은 정치적 주도권까지 차지하게 됩니다. 더 나아가 서인 세력에 대한 단호한 처벌까지 남인은 주장하죠.

사실 서인과 남인의 입장은 성리학에 대한 이해와 해석의 차이며, 그 차이도 그리 크지 않았습니다. 다만 미묘하게 퇴계 이황과 그를 계승한 남인은 상대적으로 좀 더 왕권 중심의 성리학적 정치를 주장했고, 율곡 이이와 그를 계승한 서인은 신권 중심의 정치를 강조했죠. 그런데 이것이 효종의 이른 죽음과 그에 따른 예법을 선택하는 과정에서 격렬한 대립을 가져오게 되면서, 상대를 향한 차가운 논리적 대립으로 치달은 것입니다. 실제로 한때 송시열은 윤휴와 사흘간 토론을 벌인 후에 "30년간 나의 독서가 참으로 가소롭다"고 했을 정도로 윤휴를 극찬한 적도 있습니다. 그러나 예송 논쟁을 거치며 둘 사이는 틀어지고, 송시열은 윤휴가 성리학을 어지럽히는 자라며 일명 '사문난적斯文亂賊, 성리학에서 교리를 어지럽히고 사상에 어긋나는 언행을 하는 사람'으로 규정해 버립니다.

예송 논쟁은 분명 두 당이 조선 정치 내부에서 성리학적 예법을 두고 깊이 있는 정치적 담론을 주고받은 것입니다. 그리고 마치 민주주의 정당 간 상호 견제와 공존처럼 작용한 모습도 보입니다.

그러나 이 붕당정치도 점차 상대를 인정하지 않고 축출하는 파워 게임으로 변질돼 갔습니다. 그것이 숙종肅宗, 재위 1674~1720 때의 환국 정치숙종 재위 기간 동안 정권이 3번이나 바뀜가 되며, 역설적이게도 탕평 책각 당파에서 인재를 고르게 등용하는 정책이 나오는 머나먼 배경이 되기도 합니다.

35

대동법, 100년 만에 완결된 수취 제도

동아시아에서 17세기는 전쟁의 시대였지만, 한편으로 서서히 상품 경제가 발전하는 이른바 '상업의 시대'이기도 하였습니다. 중국에서는 명나라가 멸망하고 청나라가 지배하는 혼란기였으나 이미 명대에 들어온 고구마, 감자, 옥수수 등 외래 작물의 보급과 양쯔 강 중류의 발전으로 상업이 활기를 띠었지요. 일본에서는 17세기 초에 에도 막부가 일찍 들어서면서 지역별로 거점 도시가 발전하는 양상을 띠며, 조닌[町人]이라는 상공업자들의 성장이 두드러졌습니다. 그렇다면 조선은 어떠하였을까요?

조선 후기 사회의 활력소, 대동법

　조선의 상황은 좀 더 극적입니다. 이미 16세기 말 임진왜란으로 국토가 황폐화됐고, 1636년 병자호란으로 백성들의 삶은 엎친 데 덮친 격으로 너무나 힘들었습니다. 그런데 17세기 후반부터는 시장과 상업의 물꼬가 트이면서 조선 후기 사회가 활력을 찾게 됩니다. 그렇다면 어떻게 이런 일이 가능했을까요? 그 이유는 여러 가지지만 역사학자들이 공통적으로 꼽는 요인은 바로 '대동법'입니다.

　대동법은 간단히 말하면 기존 공납제를 쌀로 환산해 내는 것입니다. 매우 간단해 보이지만 이 법을 전국적으로 실시하는 데 걸린 시간만 무려 100년입니다. 그리고 이 대동법의 원인이 되는 공납제의 문제점은

경기도 유형문화재 제 40호인 대동법 시행 기념비. 효종 10년에 대동법의 실시를 알리기 위해 세웠다고 한다. 사진은 비각을 세우기 전의 모습이다.

이미 16세기부터 드러났고, 우여곡절 끝에 대동법이라는 개혁 법안이 탄생하게 됩니다.

사실 조선은 과전법科田法, 토지의 국유화이라는 토지 개혁을 통해 농민을 보호하면서 대신 전세토지세, 공납지방 특산물을 조정에 바침, 역군역과 요역이라는 수취 체제를 만들어 톱니바퀴처럼 국가가 안정적으로 돌아가도록 시스템을 잘 마련했습니다. 그런데 문제는 점차 양반 지주 등이 더 많은 토지를 가지려 하고, 탐관오리들이 공납제를 교묘히 역이용해 백성들의 고혈을 짜내 몇 십 배의 이득을 취한다는 것입니다. 따라서 그 부담은 고스란히 백성들에게 떠넘겨져 시스템에 과부하가 걸리는 현상이 나타납니다.

율곡 이이와 서애 유성룡의 개혁안, 수미법

그중에서도 가장 심했던 것이 공납이었습니다. 공납은 각 지방의 특산물을 현물로 바치는 것인데, 점차 중앙 정부는 물론 지방 관청에서도 필요한 물건이 늘어나면서 서서히 다수 농민의 부담이 커지게 됩니다. 또한 자기가 사는 지역에서 생산되지 않는 특산물도 마구 배정받으면서 백성들은 농사짓다 말고 그 특산물을 구하러 타 지역으로 가야 하는 등 문제가 커졌습니다. 예를 들면 강원도 산골에 김이나 전복을 구해 오라고 한다고 가정해 봅시다. 농민은 만사를 제쳐 놓고 이를 구하러 가야겠지요. 이 문제를 해결한다고 나타난 것이 '방납防納 상인'입니다. 그런데 이들은 농민 대신 물품을 구해 준다고 해 놓고선 말단 관리들과 미리 짜고 농민들에게 그 물건 값의 몇 십 배나 더 올려 받는 방식으로 부당 이

이원익 초상

득을 취했습니다.

이러한 공납의 폐단을 막기 위해 율곡 이이는 앞서 세금을 쌀로 거둘 것을 주장했고, 유성룡은 임진왜란 와중에 일부 지역에서 수미법收米法이라고 하여 공물을 쌀로 거두었습니다. 하지만 전쟁으로 제대로 시행하지 못했습니다. 임진왜란 이후 이 문제를 본격적으로 해결한 것은 광해군 때의 영의정 이원익李元翼, 1547~1634이었습니다. 그는 토지를 기준으로, 쌀로 공납을 대신 내는 방식을 주장합니다. 이렇게 되면 문제가 등장합니다. 그 전까지는 토지 소유와 상관없이 집집마다 부과되던 공납이 토지 소유자에게 집중되는 것입니다. 당연히 토지를 많이 가진 양반 지배층의 반발이 심해집니다. 오늘날로 치면 부자 증세라고 볼 수 있겠지요. 역시 예나 지금이나 세금 문제는 한 국가의 가장 주요한 정책이자 논쟁 거리라고 할 수 있습니다. 결국 광해군은 민생 안정과 왕권 강화라는 측면에서 대동법을 시행하되, 양반 지주들의 반대를 고려해 경기도에서만 실시합니다. 대신 국가와 관청에서 필요한 물품은 관허 상인국가에서 허가한 상인을 통해 조달하였습니다. 오늘날로 치면 국가 공인 택배업자를 두는 방식이지요. 그리하여 기존 방납 상인이 몇 십 배나 올려 거둬들이는 폐단을 막을 수 있었고, 시장은 시장대로 활성화될 수 있었습니다.

대동법의 전국 실시에 결정적 기여를 한 김육

'대동'이라는 말은 유교 경전 『예기』의 '대동 세계'에서 따온 것입니다. 남녀노소 누구나 행복하게 산다는 유교적 이상 사회를 뜻합니다. 그만큼 대동법으로 조선 사회가 안정되기를 바란 것이지요. 그러나 이 대동법에 대한 반발은 토지를 다수 차지하던 집권층 양반부터 기존 공납제로 이득을 보던 말단 관료까지 매우 거세게 일어났습니다. 그래서 숙종 때에 전국적으로 실시하기까지 무려 100년의 시간이 필요했습니다.

집권층과 달리 비주류 세력으로 민생 안정에 관심이 많았던 김육金堉, 1580~1658은 효종 때에 대동법을 지지하며 전국적 확대를 강하게 주장합니다. 그는 70살의 늦은 나이에도 상소를 올려 효종을 설득했고, 심지어 세상을 떠나기 직전까지 대동법이 잘 유지되고 확산되기를 바랐습니

경기도 남양주에 있는 김육의 묘는 부인 파평 윤 씨와 합장이다.

다. 이러한 그의 소신과 주장에 동료 신하들은 심지어 비웃음까지 날렸으나, 김육은 오로지 백성을 위해 대동법을 변호하였습니다. 그리고 마침내 충청, 전라도에서 대동법 시행이라는 결과를 낳게 되었습니다.

대동법은 18세기 숙종 때에 황해도까지 실시됩니다. 이를 통해 많은 농민이 부담을 줄일 수 있었고, 상품 화폐 경제가 발달해 공인 등 상인이 성장하고 유통 경제도 발전하며 지방 장시도 활성화될 수 있었습니다. 물론 시간이 지나면서 대동법의 운영상 문제가 나타났고, 공납제도 여전히 잔존하면서 농민들이 다시 어려움을 겪었습니다. 그러나 이 대동법을 통해 조선 후기 사회는 양란의 상흔을 씻고 다양한 계층과 문화가 발전할 수 있었습니다.

36

달항아리,
18세기 조선의 미(美)

○

앞에서 저는 100년이나 걸려 완성된 개혁 민생 법안으로 대동법을 언급하였는데요. 여기에서는 대동법이 완성된 직후부터 절묘하게 타이밍을 맞춰 그 후 100년 동안이나 유행한 최고의 예술품을 이야기하려 합니다. 숙종 말년부터 영조英祖, 재위 1724~1776 시기에 최절정의 예술적 완성도를 뽐낸 문화재이자 하루 종일 봐도 또 보고 싶을 만큼 아름답다는 백자, 바로 18세기의 '달항아리'입니다.

하루 종일 봐도 또 보고 싶은 '달항아리'

백자는 이미 고려 시기부터 제작되었고, 중국에서도 징더전[景德鎭] 이란 지역에서 매우 다양하고 화려한 백자가 만들어졌습니다. 더구나 조선에서도 세조世祖, 재위 1455~1468의 통치 후반이었던 15세기 후반에 경기 광주 일대에 도자기를 굽는 가마소, 즉 관요官窯를 설치하고 백자를 지속적으로 제작한 상황이었습니다. 백자는 조선 시대하면 곧 떠올릴 만큼 조선을 대표하는 상징적 존재이기도 했고요. 왜냐하면 백자는 성리학이 추구하는 이상 세계를 오롯이 담은 최고의 미적 존재였기 때문입니다. 고결하고 검소하면서도 청렴한 성인군자의 정신세계를 그대로 보여 준 도자기가 바로 백자였습니다. 이를 뒤집어 생각해 보면 아무나 백자를 소유할 수 없다는 것을 알 수 있습니다. 우선 백자는 최고의 성인군자를 상징하는 왕이 사용하는 그릇이기 때문이지요. 실제 15세기 후반 『경국대전』에는 백자 중에서 가장 화려한 '청화백자'를 왕실이 아닌 곳에서 사용하면 장 80에 처하도록 규정하였습니다. 그만큼 왕실이 백자를 독점하였지요.

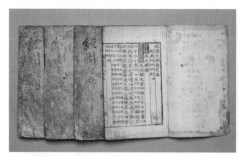 

『경국대전』과 청화백자 산수초화문호

반대로 양반 사대부 입장에서는 성리학적 고결함을 담은 이 백자를 『경국대전』의 규정에도 불구하고 어떻게든 소유하고 싶어 했지요. 그래서 관요에 남몰래 압력을 가해 백자를 갖게 되거나 심지어 일부는 밀무역으로 들어온 중국산 백자를 사용하기까지 했습니다. 임진왜란과 병자호란을 거치며 백자에 대한 수요가 잠시 수그러들기도 했지만 앞서 언급한 대동법 등으로 상품 화폐 경제가 발전하면서 백자는 다시 전국적으로 유행하였습니다. 물론 신분제가 동요하면서 중인층과 평민층에서도 신분 상승의 욕구가 백자 소유욕으로 번지기도 했고요. 그것이 바로 18세기 '달항아리'와 같은 최고의 예술품을 탄생시키는 하나의 계기가 되었지요. 백자가 신분과 부의 상징이 된 것입니다.

18세기 부와 신분 상승의 상징

달항아리는 둥그런 단지 형태에서 출발하였습니다. 처음에는 주판알이나 좀 볼록한 바둑알과 같은 타원형 형태였는데, 18세기로 갈수록 점차 밑바닥 받침굽과 위의 아가리구연부가 비슷하며 최대 지름과 높이가 엇비슷한 달항아리가 된 것이지요. 달덩이 같은 모양에 우유 빛깔과 같은 흰색이 합쳐진 것인데요. 학자들은 아마도 음식 저장용으로 쓰이거나 제사용 또는 감상용으로 쓰였을 것이라 추정합니다. 결국 실생활에서 점차 독자적인 예술품의 경지로 올라간 것이지요.

그렇다면 어떻게 제작하였을까요? 우선 주재료인 백토, 즉 흰 흙을 얻기 위해 바윗덩어리부터 캐야 합니다. 관요가 있었던 경기 광주와 강원 양구 등에서 질 좋은 백토를 채취했다고 합니다. 흰 흙을 얻었다고 해도 시작일 뿐입니다. 백토 속에 철 성분이 많으면 가마에서 구워지는 동안 검은색 계열(주로 회색빛)로 짙어질 수 있어 철분을 최대한 낮추는 과정이 필수입니다.

즉, 흰 흙을 물과 섞은 후에 아래로 가라앉은 것 말고 위로 뜬 물을 몇 번이나 반복해서 체로 받쳐 내면 철분을 함양하지 않은, 이른바 우유 빛깔을 낼 수 있는 백토를 얻게 됩니다. 물론 유약도 매우 중요한 역할을 했습니다. 18세기에는 마그네슘이 첨가된 유약을 발라 그 은은한 느낌을 더욱 살렸다고 합니다. 이제 어느 정도 백토가 모아지면, 요즘 도

국보 309호인 백자 달항아리

자기를 만드는 것처럼 의자에 앉아 발로 물레를 회전시키며 모양을 만듭니다. 달항아리는 단 한 번에 만들지 못한다고 합니다. 무슨 말이냐고요? 박물관에서 자세히 보면 달항아리 가운데 금이 간 것을 알 수 있습니다. 국보가 겨우 금이 간 백자냐고요? 물론 아닙니다. 그것은 금이 아니라 2개의 항아리를 이어 붙인 결과입니다. 크기가 너무 큰 탓에 물레로 한 번에 만들지 못하고, 위와 아래를 각각 만든 후에 접합하여 완성한 것입니다. 국보 309호 백자 달항아리를 보면 바로 알 수 있습니다. 당시 도공의 솜씨는 최고라 그 이어 붙인 부분이 전혀 어색하지 않습니다. 일그러지지 않고 거의 완전한 원을 그리고 있으니까요. 그만큼 전반적으로 안정된 균형미를 뽐내고 있습니다.

두 개의 항아리를 이어 붙인 대작, 달항아리

이렇게 18세기에 달항아리가 절정의 모습으로 유행할 수 있었던 이유는 무엇일까요? 왜 왕실부터 평민까지 너도나도 할 것 없이 달항아리에 환호했을까요? 저는 무엇보다 당시 탕평책을 실시한 영조의 예술적 안목을 손꼽고 싶습니다. 영조는 이미 왕세제王世弟, 왕위를 이어받을 왕의 아우 시절에 도자기를 관리하던 사옹원院사옹원은 궁궐 음식 담당 관청의 최고 책임자인 도제조都提調를 역임하였습니다. 그때 이미 백자에 대한 감식안을 갖춘 것이지요. 따라서 경기 광주의 관요에서 수준 높은 백자를 만들 수 있었으며, 곧 왕의 안목이 유행처럼 번졌던 것은 아닐까 싶습니다.

한편, 당시 왕실과 양반 사대부들이 공유한 성리학의 핵심 이론을 형상화한 태극太極을 표현한 것이 달항아리기 때문에 급속도로 사회 전반에 확산되었다는 주장도 있습니다. 음양의 조화를 보여 주는 태극의 상징이자 입체적인 조형물로서 달항아리만한 것이 없다는 겁니다. 더나아가 당시 붕당정치가 극에 달한 상황을 극복하고자 실시한 탕평책의 의미를 담고 있다고 보는 견해도 있습니다. 반면, 백자가 하나의 상품으로 유행을 심하게 타는 와중에 마음을 비운 도공이 순수하게 탄생시킨 예술품이라는 견해도 있습니다.

어찌 됐건, 우리는 18세기 조선의 미를 대표하는 백자 달항아리를 충분히, 그리고 천천히 바라볼 수 있는 시간과 기회를 가지고 있습니다. 잠시 고달픈 세상살이로 지친 심신을 이 달항아리로 풀어 보시기 바랍니다. 조선 후기를 상징하는 또 다른 예술 대작, 달항아리였습니다.

37

정조의 꿈은
무엇이었을까?

2015년은 조선 22대 왕 정조正祖, 재위 1776~1800가 1795년을묘에 어머니 혜경궁 홍 씨를 모시고 수원 화성으로 행차한 지 220주년이 되는 해입니다. 그래서 수원 화성박물관 등에서 관련 주제로 특별 기획전을 개최하였습니다. 1795년 당시, 윤 2월 2일부터 8일 동안 치러진 행차를 찬찬히 살펴보면 매우 중요한 정치적 함의를 가진 두 행사를 발견할 수 있습니다. 첫째, 정조가 혜경궁 홍 씨를 모시고 바로 사도세자思悼世子, 1735~1762의 묘소인 현륭원에 행차합니다. 둘째, 그 직후 정조는 팔달산 정상 서장대에서 자신이 만든 친위 부대 '장용영壯勇營'의 군사 훈련을 주요 신하들과 직접 참관합니다.

조선 왕 중 가장 드라마틱한 삶을 산 정조

당시 이 행렬에 참가한 인원만 1779명, 말도 779필이나 됩니다. 그 규모가 엄청나 한강을 건널 때는 배가 아니라 아예 수많은 배를 엮어 만든 배다리를 사용합니다. 아, 참고로 그 배다리를 제작하는 데 실학자이자 정조의 총애를 받던 정약용이 적극 참여하였지요. 자, 이렇게 대규모 행렬이 먼저 간 곳은 영조의 노여움으로 뒤주 속에 갇혀 죽은 자신의 아버지, 사도세자의 묘소입니다. 그리고 왕권 강화의 필수적 요소인 친위부대의 군사 훈련을 참관한 것이지요. 사실 어머니 환갑잔치보다 이 두 가지가 먼저 있었다는 점에서, 결국 사도세자의 죽음을 지지한 세력 또는 정조와 대척점에 있었던 신하들은 매우 불편하거나 왕의 숨은 뜻을 헤아리기 위해 극도로 긴장할 수밖에 없었겠지요.

정조는 1776년 왕위에 올라 24년 여간 할아버지 영조의 뒤를 이어 탕평책을 실시하며 조선 후기 정치·사회적 발전을 이끌었습니다. 그러나 그가 왕위에 오른 순간부터 1800년 의문의 죽음을 맞이하기까지 매 순간이 드라마틱했습니다. 아버지 사도세자가 모반을 꾀했든 정신병을

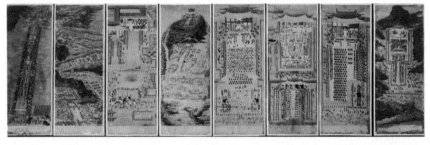

보물 1430호인 「화성행행도(華城行幸圖)」는 정조가 부친인 사도세자의 회갑을 맞이하여 모친인 혜경궁 홍 씨를 모시고 사도세자의 묘소가 있는 현륭원을 행행했을 때를 그린 8첩 병풍이다.

앓고 있었든 그 어떤 이유라고 해도, 결국 사도세자를 반대하고 그의 죽음을 지지한 정치 세력이 명백하게 존재했던 것은 사실입니다. 따라서 정조는 차마 자신의 아버지가 억울하게 죽었다고 말할 수 없더라도 자신의 정치적 입지를 강화하고 이 세력을 확실히 누르며 개혁정치를 해야만 하는 상황이었지요.

「화성행행도」의 첫 번째와 다섯 번째 병풍

그래서 정조는 조선 전기 최고의 군주 세종을 자신의 롤 모델로 정합니다. 그리고 세종처럼 백성을 최우선으로 하는 정치에 힘쓰며 그 누구보다도 책을 많이 읽습니다. 덕분에 그는 정치부터 경제, 사회, 예술, 과학까지 다방면의 성과를 남기게 됩니다.

정조의 강력한 탕평책과 규장각 활성화

정조는 자신을 노린 외척과 환관을 제거하였으며, 반대로 기존에 소외되었던 소론과 남인을 기용합니다. 그 가운데 정약용丁若鏞, 1762~1836 과 같은 실학자가 있었지요. 한편 북학파로 잘 알려진 박제가朴齊家, 1750~1805 같은 서얼 출신도 그 능력이 출중하면 기용하였습니다. 방식은 왕립도서관인 규장각으로 인재를 모으는 것이었죠. 창덕궁 북쪽에 새 규장각 건물을 짓고 왕립도서관으로 활용하며, 검서관이라 하여 서적을 보관하고 필사하는 사람들을 주로 서얼 중에서 뽑았습니다. 박제가 외에도 서이수, 이덕무, 유득공 등이 그들입니다. 모두 오늘날 실학자라 통칭하는 인재들이지요. 또한 이 규장각에서 초계문신抄啓文臣제라고 하여, 정조가 당색이나 문벌에 상관없이 인재를 직접 재교육하여 자신의 정치 이상을 실현하려 하였습니다. 경제적으로는 시전 상인들의 특권이었던 금난전권禁亂廛權, 시전 상인이 상권을 독점하기 위해 정부와 결탁하여 허가 없이 길에 벌여 놓은 가게를 금지할 수 있었던 권리을 폐지하였으며, 『대전통편』과 같은 법전을 지어 국가의 기틀을 다시 잡았습니다. 문학에서는 '문체 반정文體反正'이라고 하여,

운한당에 있는 정조 초상(왼쪽)과 1997년에 유네스코 세계 문화유산으로 등재된 수원 화성

중국 고대의 정연한 문체를 기준으로 당시 「열하일기」로 유명한 박지원의 새로운 문체를 다잡으려고도 하였습니다. 문화 군주로서의 면모를 보인 것이지요.

이 중 가장 눈여겨볼 만한 것은 앞서 언급한 장용영입니다. 1793년에 정조는 국왕 호위 전담 부대를 신설합니다. 무과 출신의 정예 금군으로 구성하여 친위 부대를 별도로 만든 것입니다. 이미 규장각 검서관 출신의 박제가와 당대 최고의 무사라는 백동수가 힘을 모아 만든 무술 교본인 『무예도보통지』가 나왔으며, 이를 장용영이 익히며 군사 훈련을 한 것으로 추정됩니다. 세계사에서 유럽의 루이 14세 등 절대왕정 시기를 유지할 수 있었던 핵심은 상비군이었습니다. 정조도 장용영을 통해 왕권을 강화하고, 자신의 반대 세력까지 확실하게 누를 수 있는 기반을 마련했다고 평가할 수 있습니다.

세상 떠난 뒤 정조 정책이 대부분 사라져

그러나 1800년 정조는 49살의 나이로 갑자기 세상을 떠나게 됩니다. 그 죽음도 매우 의외였고 드라마틱했지요. 그 해 정조는 새로운 정치를 구상하고 있었던 것으로 보입니다. 사실 그 준비를 이미 마친 상황으로 볼 수도 있지요. 세상의 의리란 것도 시대에 따라 달라지며 재상도 마찬가지라는 말을 했다고 전해지는데요. 이를 통해 역사가들은 정조가 기존의 주류 세력인 노론이 아니라 비주류 세력인 남인 중심의 정국 구상을 한 것이 아니냐고 추측합니다. 그런데 정조가 이 말을 하고 한 달

경기도 화성에 있는 융릉(왼쪽)은 사도세자와 혜경궁 홍 씨가 묻힌 곳이고, 건릉(오른쪽)은 정조와 효의왕후 김 씨가 묻힌 곳이다. 융릉과 건릉은 약 1킬로미터 정도 떨어져 있다.

뒤, 등에 난 종기 때문에 그만 죽음을 맞게 됩니다. 여기서 이른바 최근까지도 회자된 '정조 독살설'이 떠오릅니다. 최근 정조의 어찰편지이 발견되고 그 내용이 반대 세력과도 사적인 그리고 정치적인 편지를 주고받은 것으로 드러나면서 정조가 반대편에 의해 독살된 것은 아니라는 설에 무게가 더욱 실리고 있습니다. 그러나 여전히 그런 정조의 노력에도 불구하고 결국 반대파에 의해 무너진 것이 아니냐는 소수의 반론도 만만치 않습니다. 확실한 것이 정조 사후 나타난 조선의 정치 상황입니다. 정조의 대부분 정책들은 온데간데없이 사라지게 되지요.

정조 사후 1년 뒤, 곧 신유박해辛酉迫害, 천주교 박해 사건라 하여 남인 세력이 숙청당하고 2년 뒤에는 장용영이 해체됩니다. 규장각의 기능도 순수 왕실 도서관으로 축소되지요. 그리고 조선의 19세기는 이른바 세도 정치라는, 특정 가문에 의해 정치가 좌지우지되는 상황으로 빨려 들어갑니다.

38
흥선대원군,
왕의 아버지가 정치를 대신하다

1863년 왕권을 제대로 펴 보지도 못한 채 철종이 후사 없이 33살의 나이로 세상을 뜹니다. 19세기 순조純祖, 재위 1800~1834, 헌종憲宗, 재위 1834~1849, 철종哲宗, 재위 1849~1863 때까지 안동 김 씨 등 세도가들이 조선을 좌지우지하고 있었습니다. 철종의 뒤를 이어 왕위에 오른 이는 신정왕후헌종의 모친 조 씨의 전교傳敎, 임금이 명령을 내림로 지명된 고종입니다. 그런데 그는 당시 12살밖에 안 되는 지라 처음에는 신정왕후가 잠시 수렴청정垂簾聽政을, 그리고 곧 고종의 아버지인 흥선대원군이 국정을 맡게 됩니다. 왕의 적통이 없어 종친 중에서 새 왕을 뽑았을 때, 그 아버지를 대원군이라 합니다. 흥선대원군 외에도 선조, 인조, 철종의 아버지를 대원군이라고 불렀지요. 단, 이들은 모두 죽은 후에 대원군이라 칭해진 것이고, 살아서 대원군이라 칭해진 이는 흥선대원군이 유일합니다. 그리고 그는 10년 동안 살아있는 권력으로 고종 대신 조선을 움직였습니다.

10년간 왕권 강화를 위해 일한 흥선대원군

한마디로 말하면 흥선대원군은 조선의 26대 왕 고종高宗, 재위 1863~1907의 아버지일 뿐입니다. 그런데 그는 어린 왕을 대신해 10년 동안 집권한 것이지요. 훗날 임오군란* 때 잠깐, 그리고 1894년 1차 갑오개혁** 때도 잠깐 집권한 적이 있지만, 우리는 학교에서 주로 1863년부터 1873년까지 집권기에 대해 배웠습니다. 당시 44살이었던 그의 눈에 조선은 풍전등화와 같았습니다. 왕권은 땅에 떨어져 있었고 백성들은 이미 1862년 임술 농민 봉기진주민란를 일으킨 상황이었습니다. 그리고 저 멀리 외부에서는 우리가 큰 나라로 섬기는 청 왕조가 서양에 의해 무너지고 있었으며, 바로 위의 러시아도 세력을 점차 넓힌다는 소리가 들려왔지요. 안팎의 위기 속에서 흥선대원군의 선택은 과감한 개혁이었습니다.

우선 외척일 뿐인데 권력을 가지고 있던 안동 김 씨를 몰아냅니다. 특히 그들의 권력 기반이었던 비변사備邊司, 군국의 사무를 보는 관아를 의정부議政府, 조선 시대 최고 기관로 통합하지요. 또한 붕당과 상관없이 고르게 인재를 등용합니다. "나는 천리를 끌어다 지척을 삼고, 태산을 깎아 평지를 만들

---

* 임오군란은(壬午軍亂)은 임오년(1882)에 구식 군대의 군인들이 신식 군대 별기군과의 차별 대우에 불만을 품고 일으킨 난리를 말한다.
** 갑오개혁(甲午改革)은 1894년부터 1896년 사이에 일본이 경복궁을 습격한 후 내정간섭을 강요하면서 설치한 군국기무처에 의해 추진된 근대적 개혁을 가리킨다.

보물 1499호인 흥성대원군 이하응 영정(왼쪽)과 고종 어진(오른쪽)

며, 또한 남대문을 3층으로 높이고자 한다"는 말을 중신들에게 던진 대원군. 그 속내는 종친인 전주 이 씨 세력을 중용하겠다는 뜻(천리를 지척으로 삼겠다)이었으며, 기존에 정계에서 밀려난 남인 등 소수파를 등용하겠다는 뜻(남대문을 3층으로 높이겠다는 것)이었지요.

서원 철폐하고 양반에게도 세금 징수한 대원군

대원군의 개혁은 서원 철폐와 호포제를 통해 더욱 힘을 얻습니다.

즉, 대원군은 유생들이 서원을 통해 토지와 노비를 소유하며, 국가는 이를 지원하느라 재정적 부담을 상당히 안고 있다고 보았습니다. 그래서 47개의 서원을 남겨 두고 나머지는 모두 철폐하지요. 또한 양반에게도 군역을 지게 합니다. 군포軍布, 병역을 면제해 주는 대신 베를 받음를 거둬들이는 호포제를 실시한 것이지요. 양반층 입장에서 이 두 가지는 자신들의 기반을 무너뜨리는 것이라 생각했습니다. 따라서 그만큼 양반층은 대원군의 개혁에 격렬하게 반대하였습니다. 대원군도 물러서지 않고 개혁에 더욱 박차를 가합니다. 또한 왕권 강화의 상징으로 임진왜란 때 불타 버린 경복궁을 다시 짓습니다. 그런데 그 과정에서 몇 번의 화재로 공사가 길어지게 되고, 공사비를 감당하기 위해 반강제로 거둬들인 원납전願納錢, 일종의 강제 기부금과 상평통보의 100배가 되는 당백전當百錢, 대원군이 경복궁을 짓기 위해 만든 화폐이 화근이 됩니다. 백성들은 백성들대로 공사 기간이 너무 길어지면서 힘에 부치자 경복궁 중건에 반발하였고, 당백전은 오히려 실제 가치가 너무 폭락해 물가 폭등의 결과만 가져오게 되었습니다. 결국 대원군의 지지가 눈에 띄게 확 줄어들게 되지요.

경복궁 경회루 전경과 흥선대원군이 경복궁을 재건하기 위해 만든 당백전

한편, 당시 우리나라에도 서양 세력이 점점 다가오고 있었습니다. 흥선대원군은 이를 정치적으로 활용하려다가 결국 초강수를 두게 됩니다. 처음에는 우리나라에도 많은 신자를 둔 천주교의 프랑스 선교사를 이용하고자 합니다. 다시 말해 청에 있던 프랑스 군대를 끌어들여 남진하려는 러시아를 막으려는 계획을 세웁니다. 그러나 이것이 뜻대로 되지 않자 대원군은 병인박해丙寅迫害라 하여 천주교 신자를 탄압합니다. 또한 미국의 상선인 제너럴 셔먼호가 대동강에 상륙해 식량을 일시 지원받기를 요청했는데, 상륙 후에 오히려 약탈과 살인을 하자 이를 불태워 없애 버리게 합니다.

천주교 박해와 통상 수교 거부한 대원군

그 후 프랑스 군대가 병인박해를 빌미로 강화도로 침략하면서 1866년 병인양요丙寅洋擾는 시작됩니다. 프랑스는 결국 철수하지만, 이때 강화도의 외규장각 도서를 약탈해 갑니다. 1871년에는 미국이 제너럴 셔먼호 사건을 빌미로 다시 강화도로 침략해 옵니다. 이때에도 흥선대원군과 조선 정부는 필사적으로 미국을 막으면서 서양과의 통상 수교 거부 정책을 계속해서 유지합니다. 이 부분은 오늘날까지도 역사가들 사이에서 논쟁 거리입니다. 만약 우리가 대원군 시기에 개항을 하고 서구 문물을 수용했다면 독립과 함께 근대화를 수월하게 이룰 수 있었을 것이라는 견해가 있습니다. 반면 이때나 지금이나 서구의 일방적인 자유 무역 요구를 거부하는 것이 국가 경제에 더 도움이 된다는 견해도 있습니다.

흥선대원군이 서양 세력을 배척하고 이를 온 백성에게 알리고자 세운 척화비. 왼쪽부터 경남 양산 척화비, 경북 구미 척화비, 전남 함평 척화비다.

1873년 이렇게 왕권 강화와 통상 수교 거부 정책으로 일관하던 대원군은 최익현崔益鉉, 1833~1906의 상소에 직격탄을 맞습니다. 최익현은 흥선대원군의 집권이 부당하고 그 개혁의 성과도 잘못되었다는 점을 조목조목 주장하며, 성인이 된 고종의 친정을 요구합니다.

결국 흥선대원군은 10년의 권좌에서 물러나게 되었습니다. 그 후 1882년 구식 군인과 하층민들이 봉기를 일으킨 임오군란 때에 잠시 집권하고, 1894년 일본군이 경복궁을 침입해 내정간섭을 강요할 때 잠시 등장한 흥선대원군. 그러나 그의 권력은 더 이상 유지되지 못하고 역사의 뒤안길로 사라지게 됩니다.

39
최초로 근대 국가를
시도하다

1884년 음력 10월 17일 양력 12월 4일 저녁 7시, 종로에 위치한 우리나라 최초의 우체국인 우정국에서 건축물 완공을 축하하는 연회가 열립니다. 당시 실세였던 민 씨 세력의 대표라 할 수 있는 민영익閔泳翊, 1860~1914 부터 청나라를 위해 우리나라의 정치 경제에 간섭하던 묄렌도르프 Möllendorf, 친청파 독일 외교관 등이 대거 연회에 참여하였지요. 연회가 시작되자마자 곧 창문 밖으로 불이 난 광경이 포착됩니다. 사람들이 "불이야, 불이야" 하고 소리를 질렀지요. 놀란 민영익은 우정국 문을 박차고 밖으로 나갔지만, 곧 피투성이가 되어 들어옵니다. 급진 개화파가 주축이 된 개화당의 칼에 맞은 것입니다. 우리나라 최초로 근대 국가를 지향한 사건, 바로 갑신정변甲申政變의 시작이었습니다.

조선을 아시아의 프랑스로 만들겠다는 김옥균

　제가 개인적으로 주목하는 것은 정변의 핵심 인물인 김옥균金玉均, 1851~1894이 남긴 말입니다. 그는 "일본이 동방의 영국 노릇을 하려 하니, 우리개화당는 우리나라를 아시아의 불란서프랑스로 만들어야 한다"고 했습니다. 일본이 영국의 17세기의 명예혁명처럼 왕정을 유지하면서도 근대 입헌 체제로 나아가는 것에 비교하여, 우리나라는 프랑스혁명처럼 근대 국민 국가를 만들어야 한다는 것이지요. 김옥균은 당시 세계정세와 역사의 흐름을 명확하게 읽고 있었던 것입니다. 그리고 영국과 프랑스의 혁명처럼, 근대 세계로 나아가는 것은 저절로 되는 것이 아니라 기존 기득권 세력과 구체제를 강한 의지로 밀어 부쳐야 한다는 것을 잘 알고 있었습니다.

민 씨 세력의 대표라 할 수 있는 민영익(왼쪽)과 갑신정변의 핵심 인물인 김옥균(오른쪽)

서울 종로구에 있는 우정총국은 조선 말기에 우편 업무를 담당하던 관청이었다.

사실 조선은 1876년에 불평등조약인 강화도조약으로 근대 경제체제, 즉 자유무역이라는 틀을 원하든 원하지 않든 받아들이게 되었습니다. 문제는 이제 어떻게 정치적 근대 개혁을 할 것이냐는 상황이었지요. 안으로는 신분제와 토지 문제 등 여전히 봉건적인 걸림돌이 백성들의 삶을 누르고 있었고, 밖으로는 서구는 물론 먼저 근대화한 일본과 청나라 모두 조선을 가만 놔두지 않는 상황을 타개할 필요가 있었던 것입니다.

3일 천하, 그리고 근대 국가 체제의 개혁 모색

사실 이러한 상황을 당시 지배층은 누구나 어렴풋이라도 알고 있었지요. 고종은 물론 권력을 쥐고 있던 민 씨 세력, 그리고 우리 내부에서 통상과 근대화를 주장한 일명 개화파 세력도 공유하고 있었습니다. 문제는 얼마나 빨리, 그리고 얼마나 제대로 근대 개혁을 실현해 낼 수 있느냐는 점에서 서로의 생각이 너무나 달랐던 것이지요. 특히 김옥균을 비롯한 왕권 유지와 동시에 내각책임제적 정치체제를 지향한 개화파는 당시 민 씨 세력이 오히려 청나라에 너무 쉽게 종속되는 것 아니냐며 크게 반발하고 있었습니다. 특히 1882년 임오군란 이후 청나라 군대가 주둔하며 내정간섭을 일삼는 것에 김옥균, 홍영식, 서광범, 박영효 등 급진 개화파 세력은 확실한 돌파구가 필요하다고 생각합니다. 그것이 바로 1884년 음력 10월 17일부터 3일간의 갑신정변으로 구체화된 것입니다. 당시 청나라 군사 절반이 베트남에서 프랑스와의 전쟁을 위해 파견되었고, 일본 공사의 정변 지원 약속이 있었기에 김옥균은 자신에 차 있었습니다. 심지어 정변 5일 전에 고종과 독대한 김옥균은 "국가의 명운이 위급할 때 모든 조처를 경卿, 2품 이상 신하의 지모智謀, 지혜로운 꾀에 맡기겠소"라는, 조금은 추상적이고 애매하지만 국왕의 지지를 얻어 낼 수 있었습니다.

1884년 음력 10월 17일에 민영익을 시작으로 조영하, 민태호 등 개화당의 시각에서 보수 기득권 세력이라고 여겨지는 이들을 처단하게 됩니다. 다음날에는 고종의 사촌형 이재원을 영의정으로 하고, 나머지 주요 요직은 급진 개화파가 차지하는 새 내각을 발표합니다. 홍영식은 좌의정, 박영효는 군사력을 담당하는 전후영사에, 그리고 김옥균은 호조참판이 되지요. 눈여겨볼 점은 김옥균이 국가 재정의 실세인 호조참판 자리에 스스로를 임명했다는 것입니다. 근대화의 성공 여부가 안정적인 재정 정책에 달려 있다고 본 것이지요. 그리고 격론 끝에 마지막 3일째 국가의 혁신을 위한 「정강政綱, 정치의 큰 줄기 14개조」를 발표합니다.

청에 대한 조공 폐지와 인민 평등권을 내세운 혁신 정강 14개조

14개조는 갑신정변을 일으킨 김옥균 등이 지향한 근대적 국가의 모습이 무엇인지 알 수 있는 얼굴이라고 볼 수 있는데요. 1조에서 흥미롭게도 흥선대원군의 조속한 귀국과 청에 대한 조공 허례를 폐지할 것을 천명합니다. 개화파는 우선 뭐니 뭐니 해도 자주 독립국가의 위상을 지녀야 근대적 개혁도 가능하다고 본 것이지요. 그래서 임오군란 때 청으로 압송된 흥선대원군의 귀국을 요구하며 청에 대등한 국가임을 선언한 것입니다. 반대로 생각해 보면 일본의 도움을 무리하게 바라면서까지 김옥균이 원했던 대외적 국가상이 무엇인지 알 수 있기도 합니다. 한편 대내적으로는 2조에서 문벌 폐지와 인민 평등권 제정을 내세웁니다. 스스로 양반의 자제이자 지배층이면서도 과감하게 신분제의 모순을 철폐하려는 김옥균의 의지가 대단하였음을 알 수 있습니다. 13조에서는 대

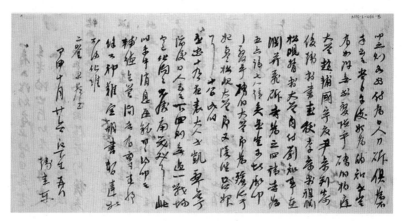

캐나다 토론토 대학교에 소장되어 있는 「여흥민씨 민관식가 고문서」. 1884년 10월 26일에 한규동이라는 사람이 고산 현감인 민관식에게 보낸 편지 일부로, 그는 갑신정변이 일어난 3일간 상황을 시간 순서에 따라 편지지 앞뒤로 빼곡하게 적었다.

신과 참찬參贊, 정2품 벼슬이 의정부에 모여 정령을 의결·반포한다는 조항을 넣어 아직 서구식 의회와 내각은 아니지만 그래도 근대적 정치 제도의 요소를 나름대로 구현해 보려 했습니다. 역사학자들이 갑신정변이 내각 책임제를 지향했다고 보는 근거이기도 하지요. 한편 가장 논쟁적인 조항은 3조로, 토지세에 대한 개혁과 탐관오리의 부정을 막을 것을 천명합니다. 하지만 당시 다수 농민이 원하는 근본적인 토지 개혁이 아니라고 보는 역사가들이 대다수입니다.

이러한 정강도 3일째인 음력 10월 19일양력 12월 6일 오후부터 청군이 승기를 잡자 일본군과 일본 공사가 허겁지겁 철수하면서 물거품이 되어 버립니다. 일본 공사는 약속을 뒤집은 채 인천으로 도망갔으며, 고종은 정변의 조치를 모두 무효라고 선언하였습니다. 그리고 급진 개화파는 청군에 죽임을 당하거나 체포령을 피해 망명의 길을 선택할 수밖에 없었습니다. 핵심 인물인 김옥균은 일본으로 망명하였고, 1894년에 온건 개화파 출신의 홍종우에 의해 암살을 당합니다. 결국 최초의 근대적 국가를 건설하려는 시도였던 갑신정변은 3일 만에 실패하고 역사 속으로 사라지게 됩니다.

40

이 땅의 주인은
농민이다

○

개항 이후 조선은 내부의 근대적 개혁 요구와 외부의 제국주의적 침략
이 동시에 들이닥치는 위기의 순간이자 환골탈태할 수 있는 기회를 접
하였습니다. 그러나 1884년에 급진 개화파가 중심이 된 갑신정변은 실
패로 돌아갔습니다. 그로부터 딱 10년 뒤, 이번에는 조선의 다수를 차지
하는 농민들이 역사의 전면에 나서게 됩니다. 시대의 개혁을 온몸으로
요구한 그들, 바로 전봉준全琫準, 1855~1895과 동학농민운동입니다.

시대의 고통을 해결하기 위해 일어선 농민들

비록 갑신정변 이후 정부는 나름대로 개화 정책을 추구하고 있었지만, 각 지역의 농민들은 탐관오리의 수탈과 1880년대 이후 내륙으로 진출한 청과 일본의 상인들이 판매하는 값싼 영국산 면직물 등에 의해 경제적 타격을 심하게 입었습니다. 이러한 상황에서 농민들은, 특히 삼남 충청도·전라도·경상도 지방의 농민들을 중심으로, 1860년에 최제우가 창시한 동학에 많은 공감을 합니다. 동학은 기존 양반 중심의 신분제를 거부하고, 평등사상과 함께 이른바 '후천개벽後天開闢'이라 하여 조선 왕조를 부정하고 새로운 사회가 다가올 것을 설파하였습니다. 당연히 조선의 지

동학 2대 교주 최시형

배층은 동학을 용인할 수 없었지요. 반대로 농민들에게 동학은 새로운 희망의 빛 줄기였지요. 2대 교주 최시형崔時亨, 1827~1898의 포교 활동과 좀 더 급진적인 사회 개혁을 추구한 전봉준의 활동으로 동학은 하나의 사회 세력으로 성장해 갑니다.

처음에는 동학 포교의 자유와 교조 최제우崔濟愚, 1824~1864, 동학의 창시자의 억울한 누명을 풀어 달라는 종교적 운동에서 시작하였습니다. 그러다가 점차 탐관오리 숙청과 외세에 반대하는 사회 정치 운동으로 확장

되어 갔지요. 결정적 사건은 1894년 1월 전라도 고부에서 발발합니다.

반봉건, 반외세를 내건 동학농민운동

당시 고부 군수 조병갑은 이미 보洑, 수리시설가 있음에도 불구하고 농민을 강제로 동원하여 만석보를 만들고, 물세를 더 거두어 가는 등 학정虐政, 포악하고 가혹한 정치을 일삼았습니다. 이를 견디다 못한 농민들은 전봉준과 함께 고부 관아를 점령합니다. 전봉준 등은 만석보를 파괴하고, 불법으로 거둬들인 곡식은 다시 농민에게 나눠 주었습니다. 정부는 안핵사按覈使, 민란 수습을 위해 파견된 임시 벼슬 이용태를 파견해 문제를 해결하려 했으나, 오히려 그가 사건에 가담한 농민들을 가혹하게 대하면서 이제 동학농민운동이 대규모로 전개됩니다.

전봉준은 손화중, 김개남 등과 함께 백산에서 제폭구민除暴救民, 포악한

왼쪽부터 전북 정읍의 황토현 전적지에 있는 갑오 동학 혁명 기념탑, 강원도 홍천에 있는 동학 혁명군 전적 기념비, 충남 공주에 있는 우금치 전적비

것은 물리치고 ^{백성을} 구원함과 보국안민의 대의를 주장하며, 1차 동학농민운동을 전개합니다. 단순히 동학 교도만이 아니라 다수의 평범한 농민들이 참여하면서 사회 개혁을 요구하는 운동으로 발전하였지요.

그들은 신분제를 철폐하고, 토지 문제를 해결해 줄 것을 요구하였습니다. 황토현 전투에서 크게 이긴 것을 기점으로 전세는 역전되었으며, 황룡촌 전투에서 정부군을 격파한 후에는 전주성까지 차지하였습니다.

당황한 정부는 청에 원병을 요청하였으며, 이를 주시하던 일본도 군대를 파견하였습니다. 한편으론 정부는 왕의 권한을 위임받은 관료를 파견하였는데, 전봉준과 농민군은 청·일 양군이 파병한 상황에서 정부 대표와 협상을 벌인 끝에 근대적 개혁을 정부가 수용하는 전주 화약을 맺게 됩니다. 주요 내용은 농민들이 자치를 펼칠 수 있는 집강소執綱所를 설치하고, 정부는 교정청校正廳을 설치해 국가적 개혁을 추진하는 것입니다.

일본군의 개입과 우금치 전투의 패배

그런데 여기에 뜻하지 않은 변수가 등장합니다. 바로 한반도에서 자신들의 입지를 계속해서 강화하려는 일본이었지요. 일본군은 조선 정부의 철병 요구를 거부하고 경복궁을 기습 점령하였으며, 서해안에 있던 청군 함대를 공격^{풍도} 해전하여 청·일 전쟁을 일으킵니다. 조선을 장악하고 내정간섭을 하려는 의도였지요.

이 소식을 들은 전봉준을 비롯한 농민군은 이른바 2차 동학농민운동을 전개합니다. 교주 최시형 등을 포함해 동학 교단 전체가 참여하였으며 다수의 농민이 일본에 맞서 나라를 구하기 위해 나서게 됩니다. 목표는 경복궁을 점령한 일본군을 이 땅에서 몰아내는 것입니다. 그리고 온전한 근대 개혁을 추진하는 것이지요.

압송되는 전봉준(위)과 전봉준 생가(아래)

그러나 일본군의 강력한 무력으로 인해 동학 농민군은 1894년 11월 우금치 전투에서 패배하면서 결국 무너지게 됩니다. 전봉준을 비롯, 지도부는 후일을 기약하며 흩어졌지만 1894년 12월 전봉준이 관군에 체포되었습니다. 그리고 또 다른 지도자들인 김개남, 손화중 등도 체포되고 맙니다. 물론 동학농민운동의 흐름은 끊어지지 않았습니다. 역사의 전면에 등장하게 된 농민들은 이후 여러 모임과 단체를 결성하여 사회 개혁과 민족 운동을 이어 나갔습니다. 그리고 훗날 항일 의병과 독립군에 적극 참여하게 됩니다.

대한제국과 일제강점기

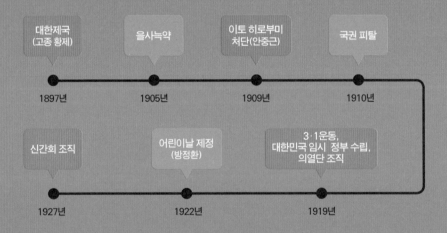

대한제국
(고종 황제)

을사늑약

이토 히로부미
처단(안중근)

국권 피탈

1897년   1905년   1909년   1910년

신간회 조직

어린이날 제정
(방정환)

3·1운동,
대한민국 임시 정부 수립,
의열단 조직

1927년   1922년   1919년

제5부

대한제국과 일제강점기

41
제국을 선포하다

오늘날 서울 덕수궁경운궁에서 약 500미터 정도 걸어가면 '환구단圜丘壇'이라는 곳이 나옵니다. 이곳에서 고려 시대부터 하늘에 제사를 지냈는데, 1897년 10월 12일에 고종 황제의 즉위식이 치러졌습니다. 고종 황제는 '광무光武'라는 독자적인 연호도 사용하였고요. 이는 조선이 더 이상 황제의 제후국이 아니라 대한제국임을 선포하는 것입니다. 이처럼 조선과 대한민국 임시정부 사이에 근대적 입헌 체제를 수립한 제국, 대한제국이 있었습니다.

근대적 개혁 군주를 자처한 고종 황제

불과 1년 전만 하더라도 조선은, 그리고 고종은 정신이 없었습니다. 명성황후明成皇后, 1851~1895 시해 사건 이후 있었던 을미개혁乙未改革, 조선의 개화파 관료들이 일본에 의지하여 추진한 국정 개혁, 그리고 당사자인 고종이 러시아 공사관으로 피신아관파천한 것까지, 그야말로 하루하루가 풍전등화와 같은 날들이었지요. 독립협회獨立協會, 1896년에 서재필, 이상재 등이 우리나라의 자주독립과 내정 개혁을 위해 조직한 사회단체는 물론 전 현직 관료들조차 러시아를 비롯한 열강의 간섭에서 벗어나 자주국임을 선포해야 한다는 호소와 주장이 계속해서 고종에게 올라왔습니다. 결국 고종은 대한제국을 선포하는 중대한 결단을 하게 됩니다.

고종 황제의 즉위식이 있었던 환구단 터의 황궁우(왼쪽)와 일본군의 공격에 신변 위협을 느낀 고종과 왕세자가 1년간 있었던 구 러시아공사관(오른쪽)

단, 저는 이 과정을 고종의 시선으로도 바라볼 필요가 있다고 생각합니다. 고종이 당시 상황에 떠밀려 대한제국을 선포한 것처럼 보이기도 하기 때문입니다. 그런데 반대의 경우가 있습니다. 이미 아관파천 당시인 1896년에 고종은 민영환閔泳煥, 1861~1905을 러시아 황제 니콜라이 2세의 대관식에 보냅니다.

또한 다음 해인 1897년에 민영환을 영국 대사로 임명하

고종 황제

고, 빅토리아 여왕 즉위 60주년 행사에 참석케 합니다. 제정 러시아는 여전히 황제권이 막강했지요. 영국은 이미 의회 중심의 내각책임제를 기반으로 하는 입헌군주제가 상당히 진행된 상황이었고요. 두 가지 경우를 고종은 민영환을 통해 알 수 있었을 것입니다. 심지어 일본은 메이지[明治] 유신 이후 이미 근대적 입헌 체제를 수립하고 팽창주의적인 대외 정책을 쓰고 있었으며, 직접적으로 우리나라를 겨누고 있었습니다. 따라서 고종은 어떤 식으로든 나라를 근본적으로 변화시켜야 함을 직감하고 있었습니다.

고종은 제정 러시아를 롤 모델로 삼았습니다. '국왕은 군림하되 통치하지 않는다'는 영국식은 아니었지요. 그래서 고종은 근대적 개혁 군

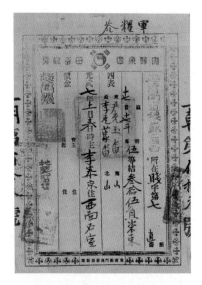

대한제국 시기에 지계아문에서 발급한 토지 문서. 사진은 1903년 11월에 충남 지계감리(地契監理)에서 발행한 4건의 토지 관련 문서 중 하나다.

주로 자임하며, '옛것을 근본으로 삼고 새것을 참고한다'는 구본신참舊本新參을 통해 점진적 개혁을 추진합니다. 1899년에 원수부元帥府, 국방·용병·군사 일을 보는 최고 부서를 설치하여 국방력을 강화하고, 무관학교를 재설립하여 장교 양성 기관을 발전시켜 나갔지요. 경작 상황을 알기 위한 양전量田, 토지 넓이 측량 사업과 토지 소유권을 명시한 지계地契, 증명서를 발급하여 재정 수입 확대와 근대적 토지 소유권 확립을 이뤄 나갑니다. 또한 생산을 늘리고 산업을 일으킨다는 식산흥업殖産興業 정책을 통해 근대적 산업화를 위해 노력합니다. 황실이 방직 공장이나 유리 공장 등을 직접 경영하거나, 서대문에서 청량리까지 전차가 다니게 된 것도 이 시기지요.

물론, 대한제국의 개혁이나 근대적 체제 수립이 순탄하게 진행된 것은 아닙니다. 대표적인 것이 '독립협회'와의 갈등이지요. 독립협회는 대한제국이 친러파에 기우는 것보다 좀 더 자주적인 국정 운영을 해야 한다고 주장하였으며, 서구식 의회 설치를 주장하면서 대한제국의 국정 방향과 부딪치게 됩니다.

대한제국의 헌법, 대한국 국제

　당시 구본신참 방향으로 개혁을 추진하려는 고종과 정부 관료에게 독립협회의 주장, 즉 시민권과 이를 대변하는 의회 설립은 시기상조로 보였을 것입니다. 고종은 한때 대한제국 관료 중에서도 주미駐美 공사를 지낸 박정양朴定陽, 1841~1904이 중심이 된 내각과 우호 관계를 통해 헌의 6조獻議 六條를 채택하고, 서구식 의회의 전 단계라 할 수 있는 중추원中樞院, 의정부에 속한 내각 자문 기관의 관제 개편과 중추원 의장의 권한 확대까지 합의합니다. 그러나 이에 반대하는 세력과 고종의 동조로 독립협회의 의회 설립 운동은 결국 수포로 돌아가고, 독립협회는 해산까지 하게 됩니다. 그리고 1899년에 '대한국 국제大韓國 國制'가 반포됩니다.

　대한국 국제는 근대적 헌법으로, 9조로 구성되어 있습니다. 제1조에서 대한제국은 만국이 공인한 자주독립 제국임을 선포하고, 제2조와 3조에서 만세불변의 전제 정치이자 황제의 무한한 군권을 규정하였습니다. 더 나아가 황제가 군 통수권부터 입법 행정 사법권의 모든 권한을 가진다고 명문화하였지요.

　대한제국이 근대적 제국임을 선포한 고종 황제는 황실 중심의 개혁을 추진합니다. 그러나 여전히 일본과 러시아 등 열강의 간섭과 이권 침탈은 심심찮게 이어지고 있었고, 근대적 개혁은 성과가 그리 크지 않았습니다. 어쩌면 더 많은 노력과 시간, 그리고 참여가 필요했을지도 모릅니다. 그러나 당시 역사는 너무나 급박하게 전개되고 있었습니다. 결국 1904년과 1905년에 걸쳐 일어난 러·일 전쟁으로 대한제국의 운명은 소용돌이 속으로 빨려 들어가게 됩니다.

42

을사늑약,
일제에 외교권을 빼앗기다

○

지금으로부터 110년 전인 1905년 11월 18일 새벽 2시, 경운궁 수옥헌덕수궁 중명전에는 5명의 대한제국 고위 관료들이 모입니다. 학부대신學部大臣 이완용, 군부대신軍部大臣 이근택, 내부대신內部大臣 이지용, 외부대신外部大臣 박제순, 농상공부대신農商工部大臣 권중현이 바로 그들입니다. 그리고 일본 특명전권공사 하야시 곤노스케[林權助]와 외부대신 박제순이 대표로 이토 히로부미[伊藤博文]을사늑약을 강요하였으며, 1906년 1대 통감이 됨가 제시한 조약을 체결합니다. 이 계약은 바로 우리의 외교권이 박탈되는 을사늑약(고종 황제가 끝까지 허가하지 않았기 때문에 무효 조약이라 할 수 있음)입니다.

러일 전쟁 이후 이토 히로부미의 노림수

　11월 9일, 예정 날짜보다 서울에 일찍 도착한 이토는 침략 의도를 숨긴 채 '동양 평화'라는 허울을 들고 고종 황제에게 대한제국이 일본의 보호국이 될 것을 강요합니다. 한반도의 외교권을 독점적으로 지배하겠다는 것이지요. 고종과 조정 대신들은 당연히 거부합니다. 그러자 일본 공사는 무장한 일본군을 데리고 궁궐 안으로 진입하여 험악한 분위기를 조성합니다. 이토는 하세가와 요시미치[長谷川好道] 훗날 일제강점기 2대 조선 총독이 됨 주한 일본군 사령관과 함께 고종을 3번이나 찾아가 계속해서 압박을 가합니다. 고종 황제는 계속 거부했고, 대한제국의 어전회의에서도 수용할 수 없다는 의견이 강했습니다. 결국 이토는 헌병까지 동원해 강제적으로 회의를 열고, 회의에 참석한 대신들에게 조약 체결에 관한 찬반을 묻습니다. 11월 17일, 참정대신參政大臣, 총리대신 보좌 한규설과 탁지부대신度支部大臣, 국가 재정 장관 민영기는 강하게 반대했고, 법부대신法部大臣 이하영도 반대합니다. 결국 처음에 언급한 이완용, 이근택, 이지용, 박제순, 권중현 이 다섯학부·군부·내부·외부·농상공부 대신들이 찬성의 뜻을 표합니다.

을사늑약이 체결된 덕수궁 중명전이다. 왼쪽이 복원 전 건물이고, 오른쪽이 복원한 중명전이다.

그리고 18일 새벽, 일제의 강압에 의한 을사늑약이 체결됩니다.

역사는 인과 관계 또는 흐름을 중시합니다. 전후 맥락 속에서 사건의 진실을 파악할 수 있기 때문이지요. 여기서 시계를 20년 전인 1885년으로 돌려 볼까 합니다. 그해는 갑신정변이 실패한 다음 해였고, 개화파 유길준兪吉濬, 1856~1914이 '한반도 영세 중립화론'을 제안한 해이기도 합니다. 그의 제안처럼 중립화론을 선택했다면 한반도는 열강의 침략 대상이 아닌 정치적 중립 지대이자 완충 지대로 만들 수 있었습니다. 그도 아니라면 점진적 방식으로라도 부국강병과 주권을 지킬 만반의 준비를 할 수 있는 시간이 있었습니다. 그러나 고종 황제는 1897년에야 대한제국을 선포하였습니다. 그러므로 앞서 살펴보았듯 여러 가지를 고려할 시간도 부족했고, 외세가 쉽게 넘보지 못하도록 강한 국가로 만들지도 못했지요. 결국 1904년에 한반도와 만주의 지배권을 놓고 이 땅에서 러일전쟁이 발발하게 됩니다. 그 직전 고종 황제의 국외 중립 선언이 있었지만, 너무 늦었습니다. 그야말로 만시지탄晩時之嘆, 시기가 늦어 기회를 놓쳤음을 안타까워함이었지요. 고종 황제의 선언과 상관없이 양국은 전쟁에 돌입합니다.

문제 투성이 불법 조약, 을사늑약

일제는 전쟁 중에 집요하게 하나씩 조약을 강요합니다. 먼저 일본은 대한제국과 1904년에 「한일의정서」*를 강요하여 한반도를 군용지로 사

• 1904년 2월 러일전쟁 뒤에 일본의 요구로 맺은, 한국을 일본의 보호국으로 한다는 굴욕적인 내용의 협정이다.

용했고, 1905년에 미국과 비밀리에 가쓰라-태프트 밀약을 맺습니다. 이로써 일본은 미국에게 필리핀 지배를 동의해 주는 대신 한반도의 독점적 지배를 승인받았습니다. 또한 1905년에 맺은 2차 영·일동맹과 포츠머스 강화조약*을 통해 일본은 국제적으로 한반도의 독점적 지배를 보장받게 됩니다. 그 후에 일본은 일본 도쿄 외무성을 통해 한국의 외교권을 감리·지휘하며(제1조), 대한제국 정부는 일본의 중개를 거치지 않고는 그 어떤 국제적 조약도 맺지 못하도록 하는(제2조) 을사늑약을 대한제국이 체결하도록 하였습니다.

을사늑약은 명백한 불법입니다. 기본적으로 일본군이 황궁을 침범하였고, 제국의 황제를 위협했으니까요. 또한 그럼에도 불구하고 고종 황제는 조약에 도장을 찍지 않았습니다. 심지어 당시 대표였던 외부대신 박제순에게 고종 황제가 위임장을 준 것도 아닙니다. 심지어 을사 5적 중 권중현조차 당시 조약이 정식 절차에 따른 것도 아니고, 황제의 재가를 거치지도 않았으므로 조약이 성립되지 않는다고 지적할 정도였습니다. 더구나 당시 조약의 명칭조차도 없습니다. 불법에다가 문제 투성이 조약이 을사늑약입니다. 그래서 당시 프랑스 국제법 학자인 프란시스 레이Francis Ray도 무효라고 했으며, 1935년에 하버드 법대에서 작성한 「하버드 보고서」에서는 효력이 발생할 수 없는 대표적 조약으로 을사늑약을 들고 있지요.

---

* 2차 영일 동맹은 1905년 8월에 영국과 일본이 맺은 동맹으로, 영국은 일본의 한국에 대한 독점적 지배권을 인정하였다. 포츠머스 강화조약은 1905년 9월에 러일 전쟁을 마무리하기 위해 미국 포츠머스에서 일본과 러시아 간에 체결된 강화조약이다. 러시아는 한국에 대한 일본의 지도 보호 감리 조치를 승인하였으며, 북위 50도 이남의 사할린 남쪽을 일본에 양도하게 된다.

헤이그 특사를 파견한 고종 황제

물론 나라가 위기에 닥쳤다면, 그 일차적 책임은 집권자에 있습니다. 이는 부정할 수 없습니다. 고종 황제도 이를 잘 알고, 을사늑약의 불법성을 알리기 위해 최선을 다합니다.

먼저 미국에 있는 황실 고문 호머 헐버트Homer Hulbert, 1863~1949에게 이 조약이 무효임을 미국 정부에 알릴 것과, 대한제국과 수교를 맺은 모든 당사국에 고종의 친서를 전달해 달라고 요청합니다. 또한 당시 국제 분쟁을 처리하던 헤이그 만국 공판소에 제소하기 위해 애씁니다. 그 노력의 일환이 바로 1907년에 파견한 헤이그 특사입니다. 이준, 이위종, 이상설로 구성된 헤이그 특사는 제2회 만국평화회의가 열리는 헤이그에서 을사늑약의 무효를 주장하고, 일제의 침략을 호소하려 했습니다.

그러나 국권 회복을 위한 외교적 노력은 안타깝게도 회의 참석이 거부되면서 좌절됩니다. 그럼에도 불구하고 특사 일행은 계속해서 국권

고종 황제가 당시 여러 나라에 대한제국의 어려운 처지를 도와줄 것을 요청하는 친서(親書)에 사용한 황제어새다.

회복을 위한 외교 활동을 펼쳐 나갑니다. 일제는 이를 알고, 곧 고종 황제를 강제 퇴위시켜 버립니다. 그리고 한반도의 국권을 완전히 장악하는 수순을 밟아 갑니다.

43

안중근 의사,
진정한 동양 평화를 위하여

1909년 10월 26일, 하얼빈에 도착한 초대 조선 통감이자 일왕의 자문기관인 추밀원 의장 이토 히로부미가 러시아 장교단을 사열査閱하고 환영 군중 쪽으로 옮기는 순간, 세 발의 총탄이 발사됩니다. 곧 이토 히로부미가 쓰러집니다. 그를 저격한 인물은 러시아군에 체포되는 순간까지 "코레아, 우라대한 만세"를 외칩니다. 그는 누구일까요? 바로 대한의군 참모중장 안중근입니다. 1910년 2월, 뤼순 지방법원에서 열린 재판에서 안중근 의사는 당당히 말합니다.

"고종 황제를 협박하여 을사늑약을 체결했으며, 국권을 빼앗아 간 적장 이토 히로부미를 대한의군 참모중장의 자격으로 처단한 것이다. 따라서 형사범이 아닌 만국공법상의 전쟁 포로로 대우해 줄 것을 요구한다."

대한의군 참모중장이었던 안중근 의사

황해도 해주 출신인 안중근 의사는 부친이 일찍부터 개화사상을 수용한 터에 근대 문물에 대한 이해가 높았습니다. 한때 천주교에 입교해 '토마스'라는 세례명을 받기도 했으며, 프랑스 신부로부터 나라를 구하는 최우선 방법은 교육이라는 충고를 받아들이기도 했지요. 그래서 삼흥학교와 돈의학교를 설립, 직접 민중 계몽 운동에 뛰어들기도 했습니다. 1907년에는 일제에 진 나라의 빚을 갚자는 국채보상운동에도 헌신하여 자신의 재산을 대부분 헌납하기도 했습니다. 그런데 1907년에 고종 황제가 을사늑약의 부당성을 국제 사회에 알리기 위해 헤이그 특사를 파견한 것을 빌미로, 일제는 고종 황제를 강제로 퇴위시킵니다. 그리고 한일신협약의 각서에 따라 대한제국의 군대마저 강제 해산시켜 버립니다. 이에 안중근은 항일 전쟁을 결심합니다.

1907년, 그는 우선 북간도로 망명합니다. 그 후에는 연해주 블라디보스토크에서 한인청년회를 조직하고, 이 지역에서 독립운동을 하던 이범윤 등과 만나 1908년에 항일 부대를 조직합니다. 그리고 참모중장을 맡아 항일 부대를 이끌지요. 그의 목표는 국내에 주둔한 일본군을 물리치는 진공 작전이었습니다. 같은 해 6월과 7월, 함경도 일대에서 실제 일본군 수비대와 맞붙게 됩니다. 훗날 봉오동전투1920년 6월에 만주 봉오동에서 독립군이 일본군을 크게 무찌름를 이끄는 홍범도의 부대와 긴밀한 협조를 유지하며 일본군을 수차례 격파하는 성과를 거두기도 합니다. 이때 눈여겨볼 대목이 있습니다. 안중근 의사는 일본군 포로를 만국공법萬國公法, 국제법에 따라 그대로 돌려보냈습니다. 국권 회복을 위한 전쟁이지만, 분명 국제법

단지 동맹 직후 안중근 의사(왼쪽)와 그가 혈서로 제작한 태극기다. 단지동맹은 1909년 안중근을 중심으로 12명이 조국을 구하기 위해 결성한 소규모 결사대다. 12명의 동지는 왼손의 약지를 끊어 피로서 '대한독립(大韓獨立)'이란 글자를 쓰며 맹세하였다.

상 포로에 대한 지위를 그대로 준수한 것입니다. 비록 이 풀려난 일본군에 의해 훗날 안중근 부대의 위치가 노출되어 일본군의 공격을 받지만, 그의 뜻은 분명하였습니다. 이 대목을 이해한다면, 1910년 2월 뤼순 법정에서 안중근 의사가 자신을 전쟁 포로로 대우해 줄 것을 요구한 것도 당연지사겠지요. 그러나 일본은 국제법조차 준수하지 않았습니다.

국제법상 일본군 포로를 돌려보낸 안중근

일본군 포로에 의해 큰 타격을 입은 안중근 의사는 러시아 연해주에서 항일 부대를 재조직하기 위해 노력합니다. 1909년 초에는 비밀결사 조직을 만들었으며, 그해 9월에 이토 히로부미가 만주를 시찰하기 위해 온다는 사실을 알게 됩니다. 곧 뜻을 함께하는 우덕순 등과 같은 의사들을 모아, 이토 히로부미를 처단하기 위한 작전을 계획합니다. 이토 히로부미를 태운 열차가 정차할 두 곳, 즉 만주 길림성 채가구와 하얼빈에서 각각 준비하고 있다가 그가 내리면 바로 저격하는 것이었지요. 그런데 이토 히로부미를 태운 기차가 채가구를 그냥 지나쳐 버렸습니다. 이제 남은 방법은 하얼빈 역에서 안중근 의사가 거사하는 일뿐이었습니다.

1909년 10월 26일 오전 9시, 이토 히로부미는 하얼빈 역에 도착하여 러시아 재무대신과 30분 동안 회담을 나누었습니다. 그리고 열차에서 내려 러시아 의장대를 사열하였지요. 그때 의장대 후방에 있던 안중근 의사가 뛰어 나와 M1900형 브라우닝 권총으로 세 발을 발사하였습니다. 총알은 이토 히로부미에게 명중하였습니다. 그는 열차 안에서 응급처치를 받았지만, 곧 사망하였습니다.

옥중에서 『동양평화론』을 집필하다

그 후 안중근 의사는 앞서 언급한 것처럼 러시아 검찰관에게 체포됩니다. 그는 심문을 받을 때부터 뤼순 재판정에서 사형을 언도받을 때까지, 시종일관 본인의 행동은 대한의군 참모중장으로써 수행한 독립 전쟁의 일환이라고 논리정연하게 말합니다. 그리고 국제법상 전쟁 포로로 대우할 것을 주장합니다. 그러나 일제는 형식적으로 재판할 뿐, 그의 주장을 전혀 인정하지 않았습니다. 1910년 2월 14일, 안중근 의사에게 사형이 선고되었습니다. 그러나 그는 더 이상의 공소를 포기하고, 당당하게 죽음을 선택합니다. 그리고 옥중에서 죽음 직전까지『동양평화론』을 저술합니다. 왜냐하면 일제의 침략을 감추고 동양평화론을 주장한 이토 히로부미를 비판하고 그를 처단할 수밖에 없었던 이유, 즉 진정한 동양평화를 위한 선택임을 세상에 남겨야 했기 때문이었지요. 그러나 일제는 이마저도 두려워, 그가 저술을 마치기 전에 사형을 집행합니다.

1910년 3월 26일, 안중근 의사는 뤼순 감옥에서 순국합니다. 다만, 오늘날 그의 저술 일부가 남아 있어,『동양평화론』의 내용을 조금은 살펴볼 수 있습니다. 안중근 의사는 한국과 중국 그리고 일본이 '동양 평화 회의체'를 구성하여 정치적 평화를 유지하고, 공동 은행과 공용 화폐를 발행하여 경제적 공동 발전까지 구상하였다고 합니다. 그러나 그의 저술도, 동아시아의 진정한 평화도 미완성으로 남게 되었지요. 그 몫은 이제 우리와 미래 세대가 함께 풀어 나가야 할 숙제라고 여깁니다.

44

3·1운동,
겨레의 독립 만세 운동

1919년 3월 13일, 미국 일간지 「뉴욕 타임스」에 "조선인들이 독립을 선언하다 (…) 수천 명의 운동 가담자들이 일본에 연행되다"라는 기사가 실립니다. 기사에는 이 운동이 예상보다 더 널리 퍼져 나갔으며, 수천여 명의 시위자가 체포되었고, 일본이 추가로 대규모 헌병대를 부를 것이라고 보도하였습니다. 또한 미국의 AP통신에는 「독립선언문」에 '정의와 인류애의 이름으로 2,000만 동포의 목소리를 대표하고 있다'고 명시되어 있다"는 기사가 나옵니다. 이즈음 되면 여러분도 이 운동이 무엇인지 짐작할 수 있을 것입니다. 그렇습니다. 바로 3·1운동입니다.

1919년 세계 언론이 주목한 3·1운동

3·1운동을 소개한 신문은 더 있습니다. 미국의 「샌프란시스코 이그 재미너」는 한국인들이 비무장비폭력 혁명을 일으켰다고 대서특필하였으며, 프랑스 파리의 「앙탕트」, 영국 런던의 「모닝 포스트」, 일본의 「반도 신문」과 「조일신문」, 중국의 「민국일보」에서도 3·1운동을 다루었지요. 이처럼 전 세계 언론이 주목할 수 있었던 이유는 무엇일까요?

그것은 3·1운동이 당시 1차 세계 대전 이후 열린 '파리강화회의'에서 채택된 민족자결주의*와 같은 세계사적 흐름을 반영하였으며, 그 누구도 생각지 못한 만세 운동을 직접 보여 주었기 때문입니다. 실제로 베이징 대학의 학생 잡지 『신조』에서는 3·1운동에 대해 첫째, 무기를 갖지 않은 혁명, 둘째 불가능한 것을 알고 한 혁명, 셋째 순수한 학생 혁명에서 출발한 점 등을 주목하며 '혁명계에 신기원을 열었다'고 평가하였습니다. 심지어 인도의 간디는 남아프리카에서 활동하다가 3·1운동 소식을 접하고, 그것이 하나의 계기가 되어 인도로 돌아와 영국에 대한 비폭력 시민불복종 운동을 펼치게 되었다고도 합니다. 당시 일제는 3·1운동을 조그마한 소요 사태로 치부하고, 이를 감추는 데 급급하였습니다. 하지만 세계가 주목하는 민족 독립운동이었습니다.

그렇다면 3·1운동은 어떤 계기와 과정을 거쳐 일어났을까요? 앞서 말했듯 국제적으로 민족자결주의가 채택되고 있었지만, 정작 제국주의

---

* 민족자결주의는 1차 세계 대전 직후 열린 파리강화회의에서 미국의 윌슨 대통령이 주창한 것으로, 각 민족은 정치적 운명을 스스로 결정할 권리가 있다는 내용이다. 당시 현실에서는 패전국의 식민지에만 적용되었지만, 식민지 피억압 민족에게 이는 독립의 희망을 주기에 충분하였다.

열강에 의해 핍박당하던 민족들이 앞장서 이를 주장하기는 쉽지 않았습니다. 일본도 영국·미국 등과 우호 관계를 유지하였고, 1차 세계 대전에서도 승전국이었으므로 우리가 3·1운동을 펼친다는 것은 정말 쉽지 않은 결정이었지요. 그래서 지금까지도 세계사적으로 조명 받는 운동이기도 합니다.

대한 독립 선언과 2·8 독립 선언

저는 무엇보다 우리 민족 내부의 역량과 독립운동의 연장선상에서 3·1운동이 발생할 수 있었다고 봅니다. 1917년, 중국 상하이에 독립운동가들이 모여 독립운동에 대한 결의와 그 지향점으로 공화정체의 국가 수립을 천명한 '대동단결선언'이 있었습니다. 그리고 1918년에는 만주의 독립운동가들이 무장투쟁을 선포하는 '대한 독립 선언'을 발표하였지요. 1919년 초에는 일제의 심장부 도쿄 한복판에서 재일 유학생들이

서울 탑골 공원은 1919년 3월 1일 「독립선언문」을 낭독하고 독립 만세를 외친 3·1운동의 출발지다.

「2·8 독립 선언서」를 발표하였습니다. 따라서 국내에서도 일제에 저항하며 독립을 천명하려는 움직임이 구체적으로 나타납니다.

특히 1919년 1월에 고종 황제가 의문의 죽음을 당하면서 장례식인 3월 3일에 사람들이 서울로 많이 모일 것을 예상하여 독립 만세 시위가 준비됩니다. 당시 천도교의 손병희, 기독교의 이승훈, 불교의 한용운 등 주로 종교계 인사들이 연합하여 민족 대표 33인을 구성하였지요. 그런데 고종 황제의 장례식, 즉 국장일 당일에 만세 시위를 하는 것은 예의상 도리가 아니라고 판단하였습니다. 그래서 3월 2일로 날짜를 바꿉니다. 그러나 이날도 주일이라 결국 3월 1일로 결정됩니다.

3월 1일 서울 인사동 태화관에 집결한 민족 대표들은 「독립선언서」를 선포하고, 만세 삼창을 하였습니다. 곧 조선 총독부에 체포되었지만, 그들을 이어 종로 탑골공원에 모여 있던 시민과 학생들 4,000여 명이 「독립선언서」를 낭독하였습니다. 그리고 한 손에 태극기를 흔들고 "독립 만세"를 외치면서 거리로 쏟아져 나왔습니다. 특히 학생들이 중심이 되어 종각에서 경운궁덕수궁 대한문을 지나 남대문으로 나아갔으며, 점점 더 많은 사람들이 동참하였습니다. 곧 서울은 물론 지방과 농촌까지 확산되었으며, 노동자, 농민 심지어 기생까지 다양한 계층이 모두 참여하였습니다.

이 소식을 듣고 해외 동포들도 3·1운동을 펼칩니다. 서간도와 북간도, 연해주 블라디보스토크와 미국 필라델피아에서 "독립 만세"의 함성이 울려 퍼졌습니다.

대한민국 임시 정부 수립 계기가 된 3·1운동

    일본은 3·1운동을 잔인하게 탄압하였습니다. 군대와 헌병 경찰들은 군중을 향해 무차별 총격을 가하였습니다. 일례로 일본은 경기도 화성 제암리에서 주민을 학살하고 불을 지르는 만행까지 저질렀습니다.

    이처럼 일본의 무자비한 탄압에도 3·1운동은 5월 말까지 지속되었습니다. 그리고 그 정신을 이어 4월에 중국 상하이에 대한민국 임시 정부가 수립되었습니다. 국내에서도 13도※ 대표들이 비밀리에 모여 국민 대회를 개최하고 한성 정부를 조직하게 됩니다. 1919년 9월, 여러 곳의 임시 정부를 통합하려는 움직임이 결실을 맺어 국내외 임시 정부가 통합된, '대한민국 임시 정부'가 수립됩니다. 3·1운동이라는 겨레의 독립 만세 운동이 임시 정부 수립이라는 독립운동 역사상 가장 중요한 성과를 만들어 낸 것입니다.

45

항일 독립운동의 구심점, 대한민국 임시 정부 수립

●

"유구한 역사와 전통에 빛나는 우리 대한 국민은 3·1운동으로 건립된 대한민국 임시 정부의 법통을 계승한다."

대한민국 헌법 전문에 명시된 글입니다. 우리의 뿌리, 대한민국 임시 정부는 어떻게 탄생하였을까요? 1910년에 한·일 강제 병합으로 대한제국의 국권을 강제로 뺏긴 우리나라는 곧 임시 정부를 수립하려는 움직임을 보입니다. 예를 들면 1911년에 미국 한인 사회에서 독립운동과 함께 정부 수립을 해야 한다는 주장이 나오기 시작합니다. 또한 1917년 상하이에 모인 신규식, 신채호 등 독립운동가들은 '대동단결선언'을 발표하는데, 여기서 주권이 황제가 아닌 국민에게 있으며 임시 정부를 수립하여 세계 여론을 환기시켜야 한다고 주장합니다.

대한민국의 뿌리, 대한민국 임시 정부

이러한 움직임이 구체적으로 드러난 결정적 계기는 3·1운동이었습니다. 독립운동가들은 3·1운동을 통해 보다 조직적이고 체계적인 조직이 필요하다고 절실히 느끼고, 각지에 임시 정부를 수립하고자 한 것이지요. 그 결과 6~7곳의 임시 정부가 국내외에 수립되었으며, 그 중 독립운동의 영향력 등을 고려하여 3곳으로 정리되었습니다.

먼저 1919년 3월, 러시아 지역의 전로한족회중앙총회全露韓族會中央總會, 러시아 혁명 발발 후 러시아 한인 사회의 결집을 목적으로 설립가 연해주 블라디보스토크에서 회의를 열어 '대한국민의회'로 개편하고, 정부 수립을 선포합니다. 대한국민의회는 3·1운동을 주도적으로 이끌었던 손병희를 대통령에 추대하였습니다. 또한 결의안을 통해 세계 민족자결주의에 기인하여 한국 민족의 정당한 자주 독립을 주장하면서, 이 사실을 각국 영사관에 통보하였습니다. 그 후 의연금을 모집하고 군사훈련소를 설치하는 등 러시아 지역의 한인 임시 정부로서 독립운동을 주도하였지요.

1917년 중국 상하이에 모인 독립운동가들이 발표한 「대동단결선언문서」

3·1운동을 계기로 탄생한 대한민국 임시 정부

한편, 3·1운동이 전국 각지로 퍼져 가고 있던 1919년 4월, 서울에서는 비밀리에 13도 대표가 모여 '한성 임시 정부'를 세웠습니다. 이들은 1919년 4월 23일에 보신각에서 '국민대회'를 열고, 「국민대회 취지서」와 「임시 정부 선포문」을 뿌렸습니다. 그리고 종로 일대에서 '국민대회 공화 만세'라는 깃발을 들고 만세를 불렀습니다. 한성 임시 정부는 집정관 총재로 미국에서 외교 활동을 펼치던 이승만을, 그리고 국무총리 총재로 연해주 일대에서 독립운동을 하던 이동휘를 각각 선임합니다. 당시 한성 임시 정부와 국민대회 개최 소식은 많은 주목을 받았고, 곧 국제적 통신사인 「연합통신UP」에 의해 세계 곳곳으로 보도되었습니다. 이는 국제적인 여론의 주목을 받았으며 이후 여러 임시 정부의 통합 과정에서 한성 임시 정부가 정통성을 가지는 중요한 구실이 되기도 하지요.

중국에서는 베이징과 만주 그리고 상하이에서 활동하던 독립운동가들이 상하이로 집결합니다. 이미 1919년 1월 상하이에서 김구, 여운형, 이광수 등이 중심이 되어 조직된 '신한청년당新韓青年黨'은 독립 청원서를 작성하여 김규식을 파리강화회의에 대표로 파견하는 등 독립운동을 외교적으로 하고 있었습니다. 따라서 신한청년당이 중심이 되고, 외교 활동을 하기에 유리한 상하이에 임시 정부가 1919년 4월에 수립됩니다. 그리고 국무총리에 이승만을, 내무 총장에 안창호를 선임합니다.

이렇게 각지에 성립한 임시 정부들은 곧 빠르게 통합 논의를 전개해 나갑니다. 독립국가 건설이라는 공통된 열망을 바탕으로 힘을 합쳐야 하는 절박함을 누구나 가지고 있었기 때문이지요. 그러나 통합 과정

현재 중국 상하이에 있는 대한민국 임시 정부 유적

에서 여러 주장이 제기되면서 단일한 형태의 임시 정부가 수립되는 데에는 약간의 시간이 필요했습니다.

근대적 공화정체를 지향하다

우선, 미국에서 외교적으로 독립운동을 하던 이승만은 임시 정부가 통합을 위해 자신을 집정관 총재로 하는 한성 임시 정부를 수용할 것을 요구하지요. 이는 곧 받아들여져 통합된 임시 정부는 국내에 뿌리를 둔 한성 정부의 각료를 중심으로 새로운 정부를 구성하고, 연해주와 상하이의 정부는 해산하기로 합의합니다. 그 다음으로 임시 정부를 어느 곳에 수립할 것이냐를 두고 논쟁이 벌어졌습니다. 이동휘를 비롯한 대한국민의회 쪽에서는 무장 독립 투쟁을 지도하는 데 유리한 연해주에 임시 정부를 두자고 주장하였습니다. 반면, 신한청년당을 비롯 상하이에 있던 인사들은 서구 열강의 치외법권治外法權이 성립되는 조계 지역이 많은 상하이에 두자고 주장하였지요. 치외법권이 적용되면, 외교적인 독립운동에 유리하기 때문입니다. 결국 협상은 타결되어 한성 임시 정부의 법통을 계승하되, 상하이에 임시 정부를 수립하기로 결정합니다.

　1919년 9월에 외교 중심의 독립 노선을 견지한 이승만을 임시 대통령으로 하고, 무장 투쟁 중심의 독립 노선을 주장하는 이동휘를 국무총리로 하는 대한민국 임시 정부가 상하이에서 출범합니다. 또한 우리 역사상 최초로 삼권분립三權分立에 기초한 민주공화제를 채택하였으며, 임시 의정원입법·국무원행정·법원사법을 구성하여 명실상부한 근대적 공화 정체의 임시 정부를 수립합니다. 비록 일제의 탄압으로 우리 민족 구성원 모두가 정당한 주권을 행사할 수 없었지만, 대한민국 임시 정부의 수립은 황제의 나라인 대한제국에서 국민의 나라인 대한민국으로 그 첫걸음을 내딛었음을 의미하지요. 독립운동을 추진하기 위해 국내외를 연결하는 비밀 행정 조직으로 연통제를 실시하였으며, 국내외 통신 기관으로 교통국을 설치하여 정보를 수집 및 분석하고 연락 업무를 맡았습니다. 이제 대한민국 임시 정부는 수립 초기 미국 워싱턴에 구미 위원부를 두고, 한국 독립 문제를 국제적 이슈로 만들기 위한 외교 독립 활동에 주력합니다.

46

의열단과 김원봉,
의열 투쟁으로 일제에 맞서다

◯

지금은 서울애니메이션센터로 바뀐 서울 남산 중턱의 한 자락, 이곳은 을사늑약 체결 이후 대한제국의 내정을 간섭하기 위해 일제가 설치한 통감부와 1910년 경술국치로 우리나라의 국권을 피탈당한 후 일제에 의해 설치된 조선총독부가 1926년까지 있었던 장소입니다. 그런데 1921년, 이곳에 한 젊은 청년이 전기 수리공으로 변장하여 잠입합니다. 그리고 폭탄 두 발을 던지며 일제의 간담을 서늘하게 만드는 사건이 발생합니다. 적들의 심장부에 폭탄을 던진 청년은 바로 의열 단원 김익상 金益相, 1895~1925 의사입니다.

조선총독부에 폭탄을 던지다

의열단은 1919년 3·1운동 이후 밀양 출신 김원봉金元鳳, 1898~1958이 중심이 되어 윤세주 등과 함께 만주 지린에 조직한 독립운동 단체입니다. 의열단의 행동 강령은 이른바 '7가살과 5파괴'라고 합니다. 7가살可殺은 조선 총독 이하 고문, 군 수뇌부, 대만 총독, 매국노, 친일파 거두, 밀정, 반민족적 토호土豪, 지방 세력가 등을 처단하는 것입니다. 5파괴는 조선총독부, 동양척식주식회사, 매일신보사, 각 경찰서, 기타 일제 주요 기관을 파괴 대상으로 명시하였지요. 그렇다면 의열단은 테러리스트일까요? 아닙니다. 왜냐하면 우리 민족을 억누르고 국권을 침탈한 이들과 그 기관에 대해서만 투쟁할 것을 행동으로 삼았기 때문입니다.

말 그대로 '정의로운 일을 맹렬히 실행한다'고 맹세하며, 일제의 식민 통치에 맞서 싸운 의열단義烈團. 이 단체를 이끈 김원봉은 국외에서 항일 독립군을 양성하던 신흥무관학교 학생 출신입니다. 그는 6여 년에 걸쳐 의열단 단장으로 일제의 간담을 서늘하게 만들었습니다. 그는 변장에도

조선총독부 청사는 1926년 10월에 남산 왜성대(왼쪽)에서 경복궁 신청사(오른쪽)로 이전했다.

능해 일제의 검거망을 피하며 용의주도
하게 무장 투쟁을 이끌었다고 합니다.

의열단 단장 김원봉

1920년 9월에 박재혁 의사의 부산
경찰서 폭탄 투척 사건을 시작으로, 김
원봉과 의열 단원은 일제에 정면 도전
합니다. 박재혁朴載赫, 1895~1921은 상하
이에서 김원봉으로부터 폭탄과 군자
금을 받고, 일제 식민 통치의 상징과도
같았던 부산 경찰서에 폭탄을 투척하
였습니다. 그는 사형이 언도된 후에도
"왜놈 손에 죽느니 내 스스로 죽겠다"며 옥중 단식을 선택하여 순국하
였지요. 그의 의거 이후 항일 거사들이 줄지어 일어났는데, 1920년 12월
에는 경남 밀양에서 최수봉 의사가 비록 불발로 그쳤으나, 밀양 경찰서
에 폭탄을 투척하였습니다. 1921년에는 앞서 언급한 것처럼, 김익상이
김원봉 단장의 총독 암살 밀령을 받고, 베이징에서 국내로 들어왔습니
다. 그는 전기 수리공으로 변장하고, 9월 12일 총독부에 잠입하여 폭탄
을 던졌습니다. 이 사건에서 김익상 의사는 유유히 현장을 빠져나와 탈
출에 성공하였는데, 이로써 일제는 혼비백산하기도 하였습니다.

정의로운 일을 맹렬히 실행하다

1923년 1월 12일 밤, 의열 단원 김상옥金尙沃, 1901~1969은 독립운동가

서울 대학로 마로니에 공원에 있는 김상옥
의사 동상

들을 체포하여 괴롭히던 종로 경찰서에 폭탄을 던지며 일제를 충격에 빠뜨립니다. 김상옥 의사는 10일 뒤 일본 경찰에 걸려 은신처에서 포위되지만, 두 손에 권총을 쥐고 수백 명의 일제 경찰과 혈혈단신으로 맞서다 자결하였습니다. 한편 1923년에 대한민국 임시 정부에서 노선 갈등을 겪고 독립운동의 암중모색의 길에 나섰던 신채호는 의열단의 투쟁 노선과 행동 강령을 제시한 「조선혁명선언」을 발표합니다.

"민중은 우리 혁명의 대본영이다. 폭력은 우리 혁명의 유일한 무기다. 우리는 민중 속으로 가 민중과 손을 맞잡고 폭력, 암살, 파괴로 강도 일본의 통치를 타도하고 이상적 조선을 건설할지니라."

「조선혁명선언」을 읽은 청년들은 엄청난 자극을 받고, 독립 투쟁의 길에 동참하였습니다. 반면 일제는 의열단의 저항이 더욱 확산될까 두려워했다고 합니다. 1924년에는 일본에서 발생

동양척식주식회사 도쿄 본사

한 간토 대지진의 혼란을 한국인 학살의 빌미로 삼은 것에 대한 보복으로, 김지섭金祉燮, 1885~1928 의사는 아예 일왕이 사는 궁에 폭탄을 던지기도 하였습니다. 비록 그 시도는 실패하고 김지섭 의사는 옥사하였으나, 일제 왕궁까지 폭탄을 투척한 것에 대해 당시 일본 사회는 매우 놀랐다고 합니다. 1926년에는 나석주羅錫疇, 1892~1926 의사가 우리 민족에게 경제적 수탈을 일삼는 조선식산은행과 동양척식주식회사에 각각 폭탄을 투척하였으며, 의열 단원임을 당당히 밝히고 순국하였습니다.

조선의용대로 거듭난 의열단

의열 투쟁 과정에서 김원봉을 비롯한 의열 단원들은 개별적 암살과 파괴만으로 대한민국이 독립하기는 어렵다고 판단하여 새로운 방향을 모색합니다. 이에 중국이 군사 지휘관을 양성하고자 설립한 황푸군관학교에 김원봉과 의열 단원은 입교합니다. 그리고 그곳에서 군사 교육과 간부 훈련을 받고 독립을 위한 별도의 군대 양성에 나섭니다. 1930년대 초에 중국 국민당 정부의 지원 아래 난징에 조선혁명간부학교를 세워 운영하였는데, 이를 바탕으로 김원봉은 중국 관내에서 의열단, 한국독립당, 조선혁명당 등의 대표들을 모아 '한국대일전선통일동맹韓國對日戰線統一同盟'을 출범시킵니다.

그 성과로 1935년에 독립운동 정당인 민족혁명당民族革命黨을 창당합니다. 이후 1937년에 중국 본토에서 중·일 전쟁이 시작되자, 김원봉이 중심이 되어 조선민족전선연맹朝鮮民族戰線聯盟을 결성하고, 1938년에 조선

1938년 10월 10일 조선의용대 성립 기념 사진

의용대朝鮮義勇隊를 편성합니다. 김원봉은 독립운동의 반향을 의열단에서 항일 전쟁으로 바꾸고, 독립군 부대인 조선의용대를 조직한 것입니다. 조선의용대는 중국 관내에서 결성된 최초의 한인 무장 부대로, 이후 항일의 최전선에 나서게 됩니다.

47

소파 방정환,
어린이날을 제정하다

1923년 5월 1일에 24살의 한 청년이 어린이도 한 인간으로서 존엄성을
가진 존재이며, 어른처럼 대해야 한다는 뜻으로 '어린이날 선언'을 발
표합니다. 이것은 1924년 스위스 제네바에서 국제연맹이 발표한 국제
아동인권선언보다 1년 앞선, 세계 최초의 아동인권선언이기도 하지요.
"짓밟히고 학대받고 쓸쓸하게 자라는 어린 혼을 구원하자"고 주장한 사
람, 바로 우리나라 최초로 '어린이'라는 말과 '어린이날'을 제정한 소파
방정환입니다.

어린이도 곧 하늘이다

격동기였던 구한말, 1899년에 태어나 1931년 33살의 나이로 일찍 세상을 떠난 소파 방정환方定煥, 1899~1931. 그는 자신의 삶 대부분을 오로지 어린이를 위해 헌신한 사람입니다. 그가 어른이 되었을 때 세상은 일제강점기였으며, 그 시기에 아동들은 가난과 빈곤 속에서 공장으로 내몰렸습니다. 이때 가장 고통 받는 사람은 여성, 아동, 노인 등 약자일 수밖에 없습니다. 방정환은 그 중에서도 세상과 어른의 핍박에 시달리는 아이들이 가장 안쓰러웠습니다. 그는 어린이도 자유롭고 행복하게 살 권리가 있음을 선언하고, 직접 행동에 나섭니다. 한마디로 어린이를 위한 사회 운동에 발 벗고 나선 것입니다.

그런데 일제강점기에서 방정환은 왜 아이들을 위한 사회 운동을 펼쳤을까요? 그는 어느 날 우연히 삼촌이 다니던 보성소학교에 따라갔다가, 그의 총명함을 알아본 교장 선생님에 의해 가장 어린 나이로 보성소학교에 입학합니다. 그 후 10살에 천도교에서 만든 아동 토론 모임인 '소년입지회少年立志會'에서 활동하면서, 천도교와 인연을 맺게 되지요. 19세기 후반에 최제우가 만든 동학을 이은 천도교는 '사람이 곧 하늘이다'라는 인내천人乃天 사상을 바탕으로 천민, 여성, 아동 등 모든 이를 평등하게 여겼습니다. 사실 방정환의 아버지도 천도교도였습니다. 때문에 방정환도 천도교의 평등사상과 인내천 사상을 자연스럽게 받아들일 수 있었습니다. 그리고 이것이 그가 어린이에 대해 관심을 갖게 된 계기가 되었습니다.

1917년에 그는 천도교 3대 교주였던 손병희의 딸과 결혼하였으며,

보성전문학교 법과에 입학하면서 근대적 학문을 제대로 배울 수 있었습니다. 또한 청년 운동 단체인 '경성청년구락부'를 조직하였습니다. 경성청년구락부는 민족 운동에 관심을 가지고 있던 18, 19살 청소년들로 이루어진 모임이었습니다. 1919년에 3·1운동이 일어났을 때, 그는 「독립선언서」를 돌리다가 일본 경찰에 검거되어 고초를 겪기도 하였습니다. 1920년에는 천도교에서 발행하는 잡지 『개벽』의 도쿄 특파원으로 임명되어, 일본으로 건너갔습니다. 그는 그곳에서 천도교청년회 도쿄지회 창립에 관여하면서 아동문학과 아동심리학 등을 본격적으로 공부합니다.

우리나라 최초의 아동 잡지 창간

1921년, 그는 청년들을 선동하여 일제에 저항하였다는 혐의로 또다시 구속되기도 하지만, 이에 굴하지 않고 본격적으로 아동 사회 운동에 헌신합니다. 1923년에는 일본 도쿄에 있는 자신의 하숙집에서 아동사회 운동 단체 '색동회'를 창립하고자 준비 모임을 시작합니다. 그리고 그 해에 그간 경험을 바탕으로 천도교 잡지사개벽사에서 우리나라 최초의 아동 잡지 『어린이』를 창간합니다. 이 잡지는 신문 형식으로 시작하지만, 점차 어린이들이 좋아할 만한 그림이나 사진 등을 추가합니다. 다양한 문학 작품도 게재하고요. 그는 여기서 멈추지 않고, 드디어 '색동회'를 창립합니다. 한편, 이보다 한 해 앞선 1922년 5월 1일을 우리나라 최초의 '어린이날'로 선포하고, 매년 어린이날 행사를 치르기로 결정하였습니다. 이에 따라 1923년 5월 1일 색동회 발대식과 함께 어린이날 1주

방정환이 어린이들을 위해 발간한 아동 잡지 『어린이』

년 기념식을 거행하였지요.

그렇다면 왜 어린이날을 5월 1일로 정했을까요? 그날은 '천도교 소년회' 창립일이기도 했기 때문입니다. 방정환은 천도교 교인이었기에 자연스럽게 이 날로 정한 것입니다. 1928년부터는 당시 5월 1일이 오늘날 '근로자의 날'로 불리는 노동절과 겹쳤기 때문에, 어린이날을 매년 5월 첫 번째 일요일로 변경하였습니다. 그러나 일제는 아동 사회 운동을 탄압하였으며, 방정환이 세상을 떠난 1937년 이후에는 어린이날 행사를 아예 금지시켰습니다. 어린이날은 광복 이후 1946년부터 5월 5일로 공식 제정되었습니다.

1931년, 방정환은 당시 일제의 가중된 탄압과 재정난, 그리고 자신이 일하던 단체의 내부 분열 등에서 받은 스트레스로 그만 쓰러집니다. 그는 쓰러지고 6일 만에 33살의 젊은 나이로 세상을 떠납니다. 그의 마지막 유언은 "어린이를 두고 가니 잘 부탁하오"였다고 합니다.

48

신간회,
민족 유일당 운동을 펼치다

서울 종로 2가에는 서울 YMCA 건물이 있습니다. 지금으로부터 약 90년 전인 1927년 2월 15일, 이곳 조선 중앙기독교청년회관 대강당에 250여 명의 사람들이 모입니다. 그리고 일제강점기 최대 규모의 반일 사회 단체인 '신간회'의 창립식이 거행되지요. 당시 신간회에 대한 기대가 매우 높아, 청년회관에 모인 사람들로 인산인해를 이루었다고 합니다. 장소가 비좁아 자리를 정리하다가 창립 대회는 예정보다 15분 늦게 시작했다고 합니다.

이념 대립을 극복하고 민족 협동 전선을 이루다

일제강점기 속에서 민족주의와 사회주의 세력이라는 이념 대립을 초월하여 뭉친 단체가 '신간회'입니다. 민족 협동 전선 또는 민족 유일당 운동의 성과로 등장한 단체인데요. 그렇다면 이 신간회는 어떻게 결성될 수 있었을까요?

1920년대 일제는 우리나라의 내부 분열을 노리는 기만적인 문화 통치 정책을 통해 친일파를 양성하려 합니다. 또한 민족주의 진영에서도 일부 인사들이 '독립'이 아닌 '자치'를 주장하는 타협적인 독립운동을 제시합니다. 대표적인 인물은 춘원 이광수. 그는 이미 1923년에 「동아일보」에 「민족적 경륜」이라는 논설을 5차례에 걸쳐 발표합니다. 일본이 허용하는 범위에서 자치하자는 내용이었습니다.

종로 풍경을 찍은 우편 엽서로, 전면에 도로와 기독교청년회관이 보인다.

300

이에 이상재, 안재홍 등은 절대 독립을 주장하며, 타협적 민족 운동가들의 주장이 민족의식을 약화시키고 독립의 길을 더욱 멀게 할 위험성이 있다고 비판하였습니다. 한편, 사회주의 진영은 민족주의 진영을 자본가 세력이라며, 노동자·농민·청년 운동 등을 이끌었습니다. 그러나 일제가 치안 유지법을 제정하면서 사회주의 세력을 거세게 탄압하자, 그들 내부에서도 비타협적 민족주의 계열과 연대하자는 주장이 나오게 됩니다.

1926년에 서울 청년회를 이끌던 사회주의자와 물산장려운동을 이끌던 일부 민족주의자가 손을 잡고 '조선민흥회朝鮮民興會'를 결성하면서 분위기는 민족 유일당을 만드는 쪽으로 기울게 됩니다. 조선민흥회는 창립 대회를 열기 전에 신간회와 통합을 결정하고 해산하였습니다. 이런 분위기가 무르익은 상황에서 1926년 11월에 사회주의자 안광천은 당시 비타협적 민족주의자 이상재가 사장이던 「조선일보」에 「정우회 선언」이라는 글을 발표합니다.

타협적 사회 운동을 거부하다

"민족주의 세력에 대해 그 부르주아 민주주의적 성질을 명백하게 인식하는 동시에 또 과정적 동맹자적 성질도 충분히 승인하여, 적극적으로 제휴한다."

비타협적 민족주의 세력과 함께 손을 잡고 일제와 맞서는 정치 투쟁에 나서겠다는 공식 선언이었지요. 이 글이 발표된 이후 양쪽 세력이

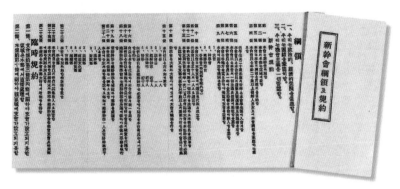

신간회 창립 당시 발표한 강령과 규약이 담긴 책자다.

합의하여 1927년 2월, 추위에도 불구하고 많은 이들의 호응 속에 신간
회가 출범합니다. 원래 '새로운 한국'을 만들자는 뜻으로 '신한회新韓會'
라 정하고자 하였습니다. 그러나 일제가 설립 허가를 내주지 않을 것으
로 예상하고, '오래된 나무에서 새로운 줄기가 나온다'는 뜻의 신간회新幹
會로 단체 명칭을 정하였습니다. 회장직에는 1890년대에 독립협회에서
주도한 만민공동회부터 사회 운동에 투신하여 조선 YMCA와 민립대학
설립 운동 등을 이끈 비타협적 민족주의자 이상재李商在, 1850~1927를 추대
합니다. 당시 이상재는 78살의 고령과 노환으로 병석에 누워 있었으나,
민족 운동을 위하여 이를 수락했습니다.

　　신간회는 3대 강령을 채택하였는데, "첫째, 우리는 정치적·경제적
각성을 촉구함. 둘째, 우리는 단결을 견고히 함. 셋째, 우리는 기회주의
를 일체 부인함"입니다. 이 원칙은 자치론자를 제외한 민족 대다수 구성
원으로부터 아낌없는 지지를 받았습니다. 이를 바탕으로 전국 곳곳에
신간회 지회가 생겼고, 창립 1주년에는 회원이 2만 명을 넘어섰습니다.

1930년에는 4만 명의 회원을 확보했고요. 신간회는 한국인 본위의 교육을 실하고, 일제 착취 기관을 철폐하자고 주장했습니다. 그리고 사회 운동을 적극 지원했습니다. 특히, 1929년에 일제강점기 최대 규모로 일어난 원산 노동자 총파업을 지원하였고, 갑산 화전민 학살 사건에 대한 진상 규명 운동을 펼쳤습니다.

1929년에 광주학생항일운동이 일어나자 집행부는 진상 조사단을 파견하는 한편, 이를 전국적인 항일 투쟁으로 전환시키기 위해 민중 대회를 개최하려 하였습니다. 그러나 일제는 집행부를 탄압하면서 좌절시켜 버립니다.

4년간 활동과 신간회 해산

이후 일제는 더욱 강하게 탄압하였고, 이에 새 집행부는 그전만큼 강한 사회 운동을 펼치지 못합니다. 여기에 일제에 맞선 강력한 사회 운동을 지지한 여러 지회 간의 갈등마저 일어나게 되지요. 특히 급진적이며 혁명적 사회 운동으로 방향을 바꾼 사회주의자들이 신간회 해소를 주장하면서 갈등은 증폭됩니다. 결국 1931년에 열린 제2회 전체 대회에서 신간회에 대한 해소가 가결되며 해체되고 맙니다. 신간회는 비록 4년 만에 해산하였지만, 우리 민족이 단결하여 일제에 대항한 민족 유일당 운동이라는 점에서 더욱 의미있다고 볼 수 있습니다.

신라·고구려·백제 건국 시기는 『삼국사기』를 참고하였으며, 이후 괄호 안은 중국을 가리킨다.

시기	사건 및 제도	인물
약 70만 년 전	구석기 문화	
기원전 8000년경	신석기 문화	
기원전 2333년	고조선 건국	
기원전 20세기~ 기원전 15세기	청동기 문화	
기원전 194년	위만 조선 성립	
기원전 108년	고조선 멸망, 한 군현 설치	
기원전 57년	신라 건국 (『삼국사기』 기록)	
기원전 37년	고구려 건국 (『삼국사기』 기록)	
기원전 18년	백제 건국 (『삼국사기』 기록)	
1~2세기	고구려의 옥저 정복, 계루부 고 씨 왕위 독점	태조왕
2세기 후반	고구려 진대법	고국천왕

3세기 후반	백제 관등 및 관복제	고이왕
4세기 초	고구려 낙랑군 축출	미천왕
4세기 중·후반	백제 전성기	근초고왕
4세기	고구려 불교 수용	소수림왕
	백제 불교 수용	침류왕
4세기 후반	신라 김 씨 왕위 세습권, 마립간 칭호	내물왕
4세기 말~5세기 초	고구려 신라 침입 왜 격퇴	광개토 대왕
5세기	고구려 전성기	장수왕
6세기	'신라' 국호 사용, '왕' 칭호, 우산국 복속	지증왕
	신라 율령 반포, 불교 공인	법흥왕, 이차돈
	신라 전성기	진흥왕
612년	고구려 살수대첩(수)	을지문덕
645년	고구려 안시성 싸움 승리(당)	
660년	백제 멸망	
668년	고구려 멸망	
676년	신라 기벌포 승리(당)	
698년	발해 건국	대조영
8세기	불국사, 석굴암	
	발해의 신라도 개설	문왕
8세기 말	통일 신라 독서삼품과 실시	
822년	통일 신라 김헌창의 난	
828년	청해진 설치	장보고
900년	후백제 성립	견훤
901년	후고구려 성립	궁예
918년	고려 건국	왕건

926년	발해 멸망(거란)	
936년	후삼국 통일	태조 왕건
940년	역분전 지급	태조 왕건
956년	노비안검법 실시	광종
976년	시정 전시과 실시	경종
982년	시무 28조를 성종에게 바침	최승로
993년	거란 1차 침입	
998년	개정 전시과 실시	목종
1018년	거란 3차 침입, 강감찬의 귀주 대첩	강감찬
1055년	문헌공도 설립	최충(문종)
1076년	경정 전시과 실시	문종
1085년	송나라 유학	의천
1086년	송에서 귀국	의천
1102년	삼한통보 주조	숙종
1107년	여진 정벌	윤관
1119년	양현고 설치	예종
1126년	이자겸의 난	이자겸
1135년	서경 천도 운동	묘청
1145년	『삼국사기』 편찬	김부식
1170년	무신 정변	
1190년	'권수정혜결사문' 선포	지눌
1231년	몽골 침입	
1232년	강화도 천도	최우
1237년	팔만대장경 판각 시작	
1270년	무신 정권 붕괴, 개경 환도, 삼별초의 항쟁 시작	
1280년	정동행성 설치(원)	

1281년	『삼국유사』 편찬	일연
1290년	원에서 주자의 서적과 그림 가져옴	안향
1308년	소금 전매제 시행	충선왕
1308년	수덕사 대웅전 건립	
1348년	개성 경천사지 10층 석탑 건립	
1356년	원나라 연호 폐지·기철 숙청	공민왕
1388년	위화도 회군	이성계
1391년	과전법 실시	
1392년	조선 건국	
1418년	세종 즉위	
1443년	훈민정음 창제	세종
1453년	계유정난	수양대군
1466년	직전법 실시	세조
1478년	홍문관 설치	성종
1498년	무오사화	연산군
1453년	계유정난	수양대군
1510년	3포 왜란	중종
1519년	기묘사화, 조광조 사망	
1555년	을묘왜변	명종
1568년	성학십도 선조에게 바침	이황
1575년	성학집요 선조에게 바침	이이
1592년	임진왜란	선조, 이순신
1597년	정유재란	
1608년	대동법 경기도에서 최초 실시	광해군
1609년	기유약조	광해군
1613년	『동의보감』 간행	허준
1623년	인조반정	

1627년	정묘호란	
1635년	영정법 실시	인조
1636년	병자호란	
1678년	상평통보 주조 및 유통	숙종
1680년	경신환국, 남인 몰락	
1693년	안용복, 일본으로 건너감	
1708년	대동법 전국 실시	
1724년	영조 즉위	영조
1731년	노비종모법	영조
1776년	정조 즉위	정조
1780년	박지원, 청나라에 다녀옴	박지원
1796년	화성 축조 완성	
1800년	정조 사망	
1801년	공노비 해방	순조
1811년	홍경래의 난	
1818년	『목민심서』 완성	정약용
1862년	임술 농민 봉기	
1863년	고종 즉위, 흥선대원군 집권	고종
1866년	병인양요	
1871년	신미양요	
1876년	강화도 조약	
1882년	임오군란	
1884년	갑신정변	
1894년	동학 농민 운동, 갑오개혁	
1895년	을미사변	
1896년	아관파천, 독립 협회	
1897년	대한 제국	

1898년	만민 공동회	
1905년	을사늑약	
1907년	고종 황제 강제 퇴위, 군대 해산, 신민회 설립	
1909년	이토 히로부미 처단	안중근
1910년	국권 피탈	
1919년	3·1운동, 대한민국 임시 정부 수립, 의열단 조직	
1920년	청산리 대첩	
1922년	어린이날 제정	
1926년	6·10 만세 운동	
1927년	신간회 조직	
1929년	광주 학생 항일 운동	
1932년	이봉창·윤봉길 의거	
1936년	손기정, 베를린 올림픽 마라톤 우승	
1938년	조선 의용대 결성	
1940년	한국광복군 결성	
1942년	조선어 학회 사건	
1945년	8·15 광복	

이미지 출처

206쪽 문화재청

208쪽 문화재청

211쪽 문화재청

215쪽 문화재청

217쪽 문화재청

220쪽 국립중앙박물관

221쪽 문화재청

222쪽 문화재청

226쪽 문화재청

228쪽 문화재청

229쪽 문화재청

232쪽 (좌) 국립중앙박물관

　　　(우) 문화재청

234쪽 문화재청

238쪽 문화재청

240쪽 문화재청

242쪽 한국문화관광연구원

245쪽 (좌) 문화재청

　　　(우) 국립중앙박물관

246쪽 (좌) 문화재청

　　　(우) 국립중앙박물관

248쪽 문화재청

250쪽 Wikimedia Commons

251쪽 문화재청

253쪽 국립중앙도서관

256쪽 Wikimedia Commons

257쪽 문화재청

259쪽 (상) Wikimedia Commons

　　　(하) 문화재청

264쪽 문화재청

265쪽 Wikimedia Commons

266쪽 국립중앙박물관

269쪽 문화재청

272쪽 문화재청

276쪽 Wikimedia Commons

281쪽 문화재청

285쪽 문화재청

290쪽 Wikimedia Commons

291쪽 Wikimedia Commons

292쪽 Wikimedia Commons

294쪽 Wikimedia Commons

298쪽 국립민속박물관

300쪽 국립민속박물관

302쪽 Wikimedia Commons

* 저자가 제공한 이미지는 따로 출처를 표기하지 않았습니다. 일부 저작권자가 불분명한 도판의 경우, 저작권자가 확인되는 대로 별도의 허락을 받도록 하겠습니다.